벨기에

BELGIUM

세계 문화 여행

벨기에

BELGIUM

버나뎃 마리아 바르가 지음 | **심태은** 옮김

세계의 **풍습과 문화**가
궁금한 이들을 위한
필수 안내서

시그마북스
Sigma Books

세계 문화 여행 _ 벨기에

발행일 2023년 5월 4일 초판 1쇄 발행
지은이 버나뎃 마리아 바르가
옮긴이 심태은
발행인 강학경
발행처 시그마북스
마케팅 정제용
에디터 최연정, 최윤정, 양수진
디자인 강경희, 김문배

등록번호 제10-965호
주소 서울특별시 영등포구 양평로 22길 21 선유도코오롱디지털타워 A402호
전자우편 sigmabooks@spress.co.kr
홈페이지 http://www.sigmabooks.co.kr
전화 (02) 2062-5288~9
팩시밀리 (02) 323-4197
ISBN 979-11-6862-133-6 (04900)
978-89-8445-911-3 (세트)

CULTURE SMART! BELGIUM

Cover image: *The limestone cliffs and historic cathedral of the city of Dinant in the Upper Meuse valley in the Ardennes, province of Namur.*
© Shutterstock/Pajor Pawel.

Shutterstock: pages 17 by ANADMAN BVBA; 23 by Nbeaw; 50 by cge2010; 96 by Kobby Dagan; 102 by Maxim Mayorov; 103 by Anibal Trejo; 106 by Imladris; 109 by emperorcosar; 116 by Image Source Trading Ltd; 124 by Werner Lerooy; 140 by Carlo Prearo; 147 by Florin Cnejevici; 150 by Sun_Shine; 154 by Catarina Belova; 156 by makasana photo; 158 by Marc Venema; 166 by Cezary Wojtkowski; 171 by Takashi images; 172 by MisterStock; 177 by Goncharovaia; 182 by Allard One; 189 by Fabien Monteil; 195 by Spicy World; 220 by Alexandra Lande; 222 by Great Pics – Ben Heine.

iStock: page 142 by VEX Collective.

Unsplash: pages 14, 55 by Bernardo Lorena Ponte; 47 by Thomas Somme; 53, 68 by Alex Vasey; 90 by Adrián Santalla; 132 by Tamar Gogua; 180 by Christian Lue; 204 by Claudia Lorusso.

Creative Commons Attribution-Share Alike 4.0 International license: pages 104, 236 © Hispalois; 167 © Paul Louis.

Creative Commons Attribution-Share Alike 3.0 Unported license: page 136 © Erik Feys; 168 © Ferran Cornellà.

벨기에 전도

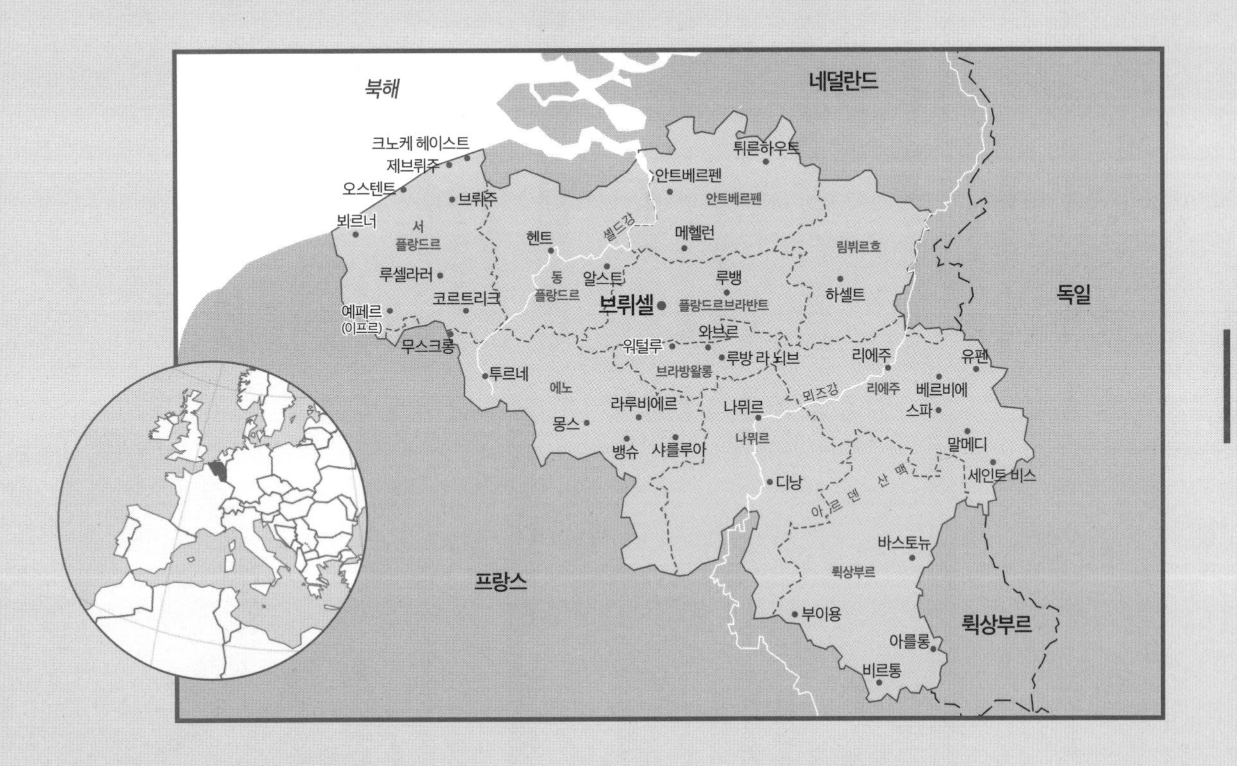

북해
네덜란드
독일
프랑스
룩상부르
크노케 헤이스트
제브뤼주
오스텐트
브뤼주
뵈르너
서
플랑드르
루셀라러
코르트리크
예페르
(이프르)
무스크롱
헨트
셸드강
동
플랑드르
알스트
브뤼셀
안트베르펜
안트베르펜
튀른하우트
메헬런
루뱅
플랑드르브라반트
림뷔르흐
하셀트
와브르
워털루
루방 라 뇌브
브라방왈롱
투르네
에노
라루비에르
몽스
뱅슈
샤를루아
나뮈르
나뮈르
뫼즈강
리에주
리에주
유펜
베르비에
스파
말메디
세인트 비스
디낭
아르덴 산맥
바스토뉴
룩상부르
부이용
아를롱
비르통

차 례

06 여가생활

07 여행 이모저모

08 비즈니스 현황

09 의사소통

들어가며

유럽 서부 해안에 접한 벨기에는 북쪽으로는 네덜란드, 동쪽으로는 독일과 룩셈부르크 대공국, 남쪽으로는 프랑스와 국경을 맞대고 있다. 역사적으로 중요한 교역로가 만나는 곳인 벨기에는 작지만 유럽의 경제 및 대도시의 중추 신경계 역할을 하고 있다.

어찌 된 일인지 벨기에는 유럽에서 가장 지루한 나라라는 별명을 얻었다. 그러나 이는 벨기에를 과소평가한 것이다. 여러분이 뭔가 특이하고 비현실적인 것을 찾는다면, 벨기에야말로 원하는 것을 찾을 수 있는 곳이다. 벨기에의 건조한 이미지는 전통이라는 표면 아래에 전복적인 유머 감각과 비현실적인 상상력, 뿌리 깊은 권위에 대한 거부감 등을 숨기는 연막일 수 있다. 또는 평화로운 방식이라고 하더라도 여전히 외국의 영향을 받는 벨기에가 자국의 비밀을 지키기 위한 위장술이었을 수도 있다.

벨기에인은 보통 무신경하고 실용주의적이며, 자조적이고

권위주의를 반대하며, 전복적이고 신중하며 관대하다고 여겨진다. 또한 음식을 잘 먹고 운전은 험하게 하며, 자국에 대한 열등감이 있고 세금 내기를 싫어하며 규칙은 무시하라고 있는 것으로 생각하는 사람으로 여겨진다. 앞으로 살펴보겠지만 이런 설명 중 일부는 타당한 측면도 있으나 일부는 희화화한 면이 있다. 벨기에인은 관대하고 이방인에게 친절하며, 우월한 체하지 않고, 풍자하는 재치가 뛰어나며 실용적인 농담을 곧잘 하고, 의견이 충돌하는 상황에서 모두가 만족하거나 최소한 모두를 진정시킬 수 있는 해답을 잘 찾아낸다.

벨기에에는 민족성이 없고 언어를 기반으로 한 권역 혹은 지역별 정체성만 있다고 말하는 경우가 많다. 수 세기 동안 싸움을 거듭했던 것을 생각하면 당연한 일이다. 벨기에가 독립한 1830년까지 벨기에는 유럽의 다른 강대국의 통치를 받았으며, 국경은 끊임없이 변경되었고, 벨기에의 운명은 프랑스, 스페인, 오스트리아, 네덜란드, 독일과 밀접하게 연관되어 있었다. 벨기에인이 권위를 상징하는 인물, 규칙, 규제를 무시하는 데에는 이렇게 외세의 지배에 저항하던 수 세기의 역사가 바탕이 되었음을 인정하지 않을 수 없다. 또한 역설적인 자기 비하 성향은 작고 중요하지 않지만 싸워서 지킬 가치가 있는 벨기에라는 나라의 이미지를 반영한다고 볼 수 있다. 그 유명한 '벨기에식 타협'도 타인의 갈등에 계속 관여했던 것에 대한 반응으로 이해할 수 있다.

『세계 문화 여행_벨기에』는 이렇게 소용돌이치는 물살을 헤치고 나아가는 길잡이가 될 것이다. 비즈니스맨, 학생, 관광객 등 벨기에 사회를 이해하고, 감수성과 균형 잡힌 시각으로 벨기에를 바라보거나 그저 벨기에의 다양성을 알고 싶은 모든 사람을 위해 이 책을 썼다. 벨기에가 거친 격변의 역사를 알아보고 이런 역사가 오늘날 벨기에인의 집단적, 개인적 가치를 어떻게 형성했는지 살펴볼 것이다. 그리고 벨기에인이 일할 때, 놀 때, 집에 있을 때를 함께 살펴보며 벨기에인 동료와 지인과 어울릴 때 어느 한쪽도 화내지 않고 서로 잘 어울릴 수 있는 팁을 얻을 수 있을 것이다.

기본정보

공식 명칭	Koninkrijk België(네덜란드어), Royaume de Belgique(프랑스어)	
수도	브뤼셀	인구: 120만 명
주요 도시	안트베르펜, 리에주, 헨트, 루뱅, 브뤼주, 나뮈르, 샤를루아	
면적	3만 688km^2(남한의 약 0.3배)	
기후	온난기후	
통화	유로(€)	2002년에 벨기에 프랑(BEF)에서 교체
인구	1,150만 명	인구밀도: 333명/km^2
민족 구성	플라망계 벨기에인 59%, 왈롱계 벨기에인 31%, 기타 10%	'기타' 범주에는 다른 EU 국가, 튀르키예, 모로코, 사하라 사막 이남 아프리카 등지의 이민자 포함
언어	네덜란드어 59%, 프랑스어 40%, 독일어 1%	네덜란드어가 공식 언어이나 플라망 방언과 왈롱 및 브뤼셀 방언도 사용됨
정부	입헌군주제 및 연방의회 민주주의, 양원제(상원/지역 의회 및 하원)	10개 주(2개 지역), 제3의 지역인 수도권으로 나뉘며 3개의 언어권으로도 나뉨
언론매체	국영 TV(TV1 및 VTM2, 플라망어), RTBF-1 및 ARTE(왈롱어). 영국, 네덜란드, 독일 방송도 시청 가능. 케이블과 위성 채널 사용 가능	플랑드르 지역 주요 일간지: 드 모르겐, 드 스탄다르트, 폴크, 라츠트 뉴스. 왈롱 지역 주요 일간지: 르 수아르, 라 리브르 벨지크, 라 데르니에르 외르. 독일어 일간지: 그렌츠 에코

종교	천주교 58%, 기타 42%	'기타' 범주에는 개신교, 유대교, 이슬람교, 무신론자/불가지론자 등이 포함됨
영문매체	모든 대형 기차역과 일부 소규모 뉴스 판매소에서 영국과 미국 일간지 구입 가능	브뤼셀에서 영어 주간지 <더 불레틴> 구입 가능, 대체로 외국인 커뮤니티에서 소비함
전압	230V, 50Hz. 유럽 표준형(핀 2개) 사용	영국 가전제품에는 어댑터 필요, 미국 가전제품의 경우 어댑터와 변압기 필요
인터넷 도메인	.be	
전화	국가번호 32. 벨기에 외부로 전화 시 00번 누르면 됨	지역번호를 사용하지 않으며 모든 번호가 0으로 시작함
시차	한국보다 8시간 느림, 보통 미국 동부 표준시보다 6시간 빠름. 태평양 표준시보다 9시간 빠름	

영토와 국민

벨기에는 면적은 작지만, 역사적으로 북유럽의 주요 교역로 간의 교차점이라는 완벽한 위치를 점하고 있다. 유럽 대륙의 북서부 해안에 면해 있어 주요 항구를 보유하고 있으며, 네덜란드, 독일, 룩셈부르크, 프랑스와 국경을 맞대고 있다. 평탄한 간척지에서 산악 지역까지, 브뤼주에서 리에주까지 벨기에의 지방과 도시는 다양한 모습을 보여준다.

지형

벨기에는 면적은 작지만, 역사적으로 북유럽의 주요 교역로 간의 교차점이라는 완벽한 위치를 점하고 있다. 유럽 대륙의 북서부 해안에 면해 있어 주요 항구를 보유하고 있으며, 네덜란드, 독일, 룩셈부르크, 프랑스와 국경을 맞대고 있다. 평탄한 간척지에서 삼림이 우거진 산악 지역까지, 그리고 약간 박물관 같은 느낌의 매력이 있는 브뤼주에서 산업 개발이 이뤄진 리에주까지 벨기에의 지방과 도시는 다양한 모습을 보여준다.

국토 면적이 3만 688km^2(남한의 약 0.3배)인 벨기에의 인구는 1,150만 명으로 네덜란드 다음으로 유럽에서 인구밀도가 가장 높다. 벨기에는 자연 지형에 따라 북쪽의 평탄한 해안 평야, 중부의 구릉 지대와 셸드강 및 뫼즈강, 그리고 남부의 아르덴 산맥 지역으로 나뉜다. 가장 지대가 높은 곳은 외펜시 근처의 시냘 드 보트랑(694m)이다.

곧게 뻗은 해안(70km)은 긴 모래 해변과 그 뒤의 넓은 사구 벨트로 구성된다. 이 뒤로는 저지대 간척지가 약 16km에 걸쳐 길게 있으며, 많은 수로가 이 간척지를 가로지른다. 벨기에도 네덜란드처럼 배수용 수로와 운하 체계를 마련했지만, 해안 간척지에서는 여전히 홍수가 큰 위협이 되고 있다. 켐펜은 네덜란드까지 동쪽으로 흘러가는 셸드강, 뫼즈강, 데머르강 사이의 저지대이다. 이들 강에는 많은 양의 모래와 자갈이 퇴적되어 있어 소나무와 헤더(낮은 산이나 황야에서 자생하는 야생화-옮긴이)로 뒤덮인 척박한 토양 환경을 형성한다. 이 지역에는 현재 사람이 많이 살지 않는다. 1952년에 몰Mol에서 원자력 연구소가 세워졌기 때문이다. 내륙으로 더 들어가면 셸드강과 셸드강 지류가 흐르는 플랑드르 평원이 있다. 이곳에서는 경작이 집중적으로 이뤄지며 인구도 밀집되어 있다. 바로 여기서 중세 시대부터 섬유 산업이 발달했으며, 섬유는 여전히 헨트와 투르네의 중심 산업으로 자리하고 있다.

중부 하스펜가우/에스베 에노 고원의 황야, 초원, 침엽수림 지대는 비옥한 황토로 뒤덮여 있다. 벨기에 중심부에 자리한 브뤼셀 수도 지역은 비옥한 양토가 있는 낮은 고원이며, 남부에서는 높이가 200m까지 점진적으로 높아진다. 그리고 곡식 경작과 가축 사육이 이루어지고 있다. 벨기에의 남동부에 있는 탄광 지역은 리에주와 샤를루아를 중심으로 한다.

아르덴 하부 지역의 해발 고도는 약 200~500m이며 뫼즈강 남쪽으로 펼쳐진다. 남쪽으로 더 내려가면 높은 고원 지대

서플랑드르 다머 간척지의 일출 풍경

인 아르덴 상부 지역이 나오는데, 삼림이 우거진 뫼즈강 계곡과 뫼즈강 지류가 흐른다. 동부의 독일 국경 근처에는 하우테스파그네스의 이탄지와 황무지가 있다.

가장 남쪽에는 곰과 아를롱이 포함된 '벨기에 로렌'이라고 부르는 지역이 있다. 이곳에는 북룩셈부르크 경사면을 따라 참나무와 너도밤나무가 우거진 아름다운 아니에 숲이 있다. 곰에서는 숲이 초원에 그 자리를 내어준다. 도시가 남쪽을 향하고 북쪽으로는 아르덴의 보호를 받아 벨기에의 다른 지역보다 따뜻한 미기후(특정한 좁은 지역의 기후-옮긴이)를 형성하는 곰은 '리틀 프로방스'라는 별명을 갖고 있다.

기후

벨기에의 기후는 북대서양 해류와 바다에서 주로 불어오는 편서풍의 영향으로 온난하다. 그래서 겨울에는 온화하고 습하며 여름에는 시원하다. 그러나 해양의 영향을 덜 받는 내륙 지방은 기온 변화폭이 크다. 아르덴의 경우 여름에는 덥고 겨울에는 추우며 다른 지역보다 비와 눈이 많이 내린다.

벨기에를 여행하기 가장 좋은 시기는 5월에서 9월까지이다. 4월과 11월은 가장 습도가 높은 편이지만, 브뤼셀은 한결같이 비가 오는 편이다. 언제 방문하든 우비를 챙겨 가는 게 좋다. 11월에서 3월까지는 보통 흐리고 습하며 눈이 종종 내린다. 그러나 안개 낀 날, 브뤼주의 얼어붙은 운하에 버드나무가 드리우고 낮게 뜬 옅은 색의 해가 빛나는 경치를 바라보며 걷는 것만큼 운치 있는 일도 없을 것이다.

역사

벨기에의 파란만장한 역사는 잇따른 침략과 점령, 분할과 국가 재정립이라는 기나긴 이야기로 구성된다. 다음에 설명할 간략한 벨기에 역사를 보면 오늘날의 벨기에를 '벨기에답게' 만든 요소와 주변국, 그중에서도 특히 수많은 공통점을 가진 현대 네덜란드와 차별화하는 요소는 무엇인지 알 수 있다.

【 선사시대 】

벨기에 최초의 원주민은 마지막 빙하기에 남쪽으로 거처를 옮겼다가 기원전 9000년이 되어서야 다시 돌아왔다. 신석기 시대(기원전 2600년경)쯤에 농경이 시작되었으며, 채광과 거석을 활용한 건축이 있었다는 증거가 있다. 철기시대(기원전 8세기 중반경)에는 켈트족이 살았으며 율리우스 카이사르 시대에 로마에서는 통칭 벨가에족이라고 불리던 여러 부족을 형성했다.

【 로마 제국과 프랑크족 】

카이사르는 벨가에족을 "갈리아에서 가장 유명한 부족"이라고 불렀다. 기원전 57년부터 로마인이 영토를 확장하자 벨가에족은 이에 강력히 저항했으나, 결국은 패하고 말았다. 그러면서 라인강 이남 지역은 벨기카라는 로마 제국의 속주가 되었다. 이때 새로 건설된 로마 제국의 도로와 함께 교역 중심지가 성장했고, 이를 통해 벨기에는 유럽 북서부 교역로의 교차점 역할을 하게 되었다. 4세기 무렵에는 기독교가 전파되었다.

4~5세기에는 게르만족 중 프랑크족이 벨기에 쪽으로 북진하기 시작했다. 그러면서 오늘날까지도 벨기에를 나누는 언어적 분할이 자연스럽게 시작되었다. 북쪽 지방에서는 게르만어를 유지한 반면, 남쪽 지방은 라틴어를 사용하게 되었다. 로마 제국이 붕괴하자 프랑크족이 남쪽으로 내려오면서 기독교와 로마 문명의 자취가 모두 사라지게 되었다.

프랑크족의 메로빙거 왕조는 투르네를 중심으로 했다. 496년 클로비스왕은 기독교를 받아들였고, 여러 선교 활동으로 프랑크족에서 기독교로 개종하는 사람이 점점 늘었다. 프랑크 왕국은 제국의 중심으로 샤를마뉴(742~814년) 시기에 전성기를 맞았다. 뫼즈강과 라인강 사이에 있었던 이 왕국은 수도 아악헨을 중심으로 엘베강에서 스페인 북부 에브로에 이르는 광활한 기독교 왕국의 허브가 되었다.

카롤루스 왕조는 국왕의 대리인을 통해 이 지역을 통치했으나, 세대가 지나면서 대리인은 점점 왕이 아닌 지역의 이해에 동조하게 되었다. 지방 귀족은 9~10세기에 왕권에서 사실상 독립했다. 이런 분열이 절정에 달한 843년에 왕국은 루도비쿠스 경건왕의 세 아들이 분할 통치하게 되었다. 이 중 두 아들이 현재 벨기에에 해당하는 영토를 다스렸다. 카롤루스 대머리왕은 플랑드르(셸드강 서쪽 땅)와 프랑스 대부분을, 로타리우스 1세는 오늘날 벨기에 나머지 지역에 해당하는 영토와 라인강 및 론강 사이의 땅을 물려받았다.

【플랑드르의 백작들】

샤를마뉴의 제국이 분할되면서 이론상으로는 프랑스와 독일 왕정에 속하지만 각 지역에서 막강한 권력을 휘두르던 귀족 계급이 부상하게 되었다. 9~10세기에 있었던 바이킹과 노르만족의 침입은 귀족의 권력을 더욱 강화했다. 프랑크 제국 통치자들은 외세의 침입에 방비를 거의 하지 않았고, 각 지역의 영지민을 보호할 책임은 영주에게 돌아갔다. 그리고 그 과정에서 권력 공백이 생기자 봉건 영주가 생겨났다.

이후 3세기 동안 플랑드르 귀족의 영향력은 프랑스 북부 솜까지 미치게 되었다. 플랑드르 백작 중 최초이자 가장 막강한 권력을 지녔던 볼드윈 1세, 일명 볼드윈 철완 백작은 867년 헨트 지역에 근거지를 마련했고, 11세기 중반 무렵 플랑드르의 백작들은 거의 완전한 독립을 누렸다.

【 도시와 교역의 성장 】

바다로부터 해안 습지를 간척하는 것은 수도원에서 시작했다. 중세 시대에 브뤼주에서 바다와 셸드강을 따라 내륙의 안트베르펜에 이르는 지역에서 보호용 제방이 교차하는 간척지가 만들어졌다. 11세기 후반 이후로 여러 강을 따라 교역로가 발달했으며, 교역소는 점점 번화하고 번영하는 성곽 도시로 변모했다. 특히 12~13세기에 산업과 교역이 꽃을 피웠다. 이런 도시는 플랑드르의 백작들로부터 인가를 받았다. 각 지역은 저마다 특정 산업을 전문으로 했다. 브뤼주, 헨트, 이프르는 방직(영국에서 양모 수입)이, 왈롱의 뫼즈 지역은 금속 세공이 발달했다. 13세기에는 유럽을 항해하는 상선이 브뤼주와 안트베르펜에 취항했고, 1340년이 되자 헨트는 파리 다음으로 유럽에서 두 번째로 가장 큰 도시가 되었다.

부유하고 강력한 상인 계급이 새로 등장하면서, 도시는 봉건제 밖에서 독립적인 권력을 가진 곳이 되었다. 숙련된 장인

1376년에서 1421년 사이에 지어진 브뤼주의 화려한 후기 고딕 양식의 시청 건물

과 상인 대다수가 강력한 길드와 협회를 형성했고, 프랑스 왕정에 충성하는 귀족과 충돌하는 일이 잦았다.

그러나 1322년이 되자 헌신적인 친프랑스파였던 루이 2세 플랑드르 백작은 플랑드르를 사실상 프랑스의 주로 만들어버렸다. 영국의 에드워드 3세는 플랑드르로의 양모 수출을 중단했고, 이에 플랑드르의 방직 산업이 위기에 빠졌다. 많은 숙련 노동자가 이민을 떠났다. 이런 현상은 나중에 다시 한번 발생하게 된다. 백년전쟁이 1337년에 발발하자 플랑드르는 정치적

주인인 프랑스가 아니라 교역 상대국인 영국의 편에 섰다. 그리고 이후 14세기 내내 길드와 귀족은 우위를 놓고 끊임없이 대립했다.

【 부르고뉴공국의 통치와 플랑드르의 르네상스 】

1398년에 플랑드르는 부르고뉴공국에 포함되어 현재의 네덜란드와 병합되었다. 이는 플랑드르의 루이 2세 백작의 딸이었던 마거릿과 부르고뉴 공작이던 용담공 필리프 2세의 결혼으로 인한 것이었다. 이 시점에 현재의 네덜란드, 벨기에, 룩셈부르크의 상당 부분이 한데 묶여 부르고뉴공국 통치하에 있게 되었다. 이 지역을 '저지대국가'라고 부를 수도 있겠다.

선량공 필리프 3세의 초상화
(로히어르 판 데르 베이던 작품)

부르고뉴공국의 통치 기간은 한 세기에 불과했지만, 이 시기에 엄청난 번영과 문화적 발달을 구가했다. 선량공 필리프 3세는 프랑스 동부, 현재의 벨기에, 네덜란드, 룩셈부르크

헨트 성 브라보 성당의 헨트 제단 장식의 패널(후베르트 반 에이크, 얀 반 에이크 작품)

일대의 영토를 다스렸다. 그는 수도를 브뤼셀로 삼았지만, 브뤼주와 이외 먼 지역에서도 공판을 열었다. 1464년에 브뤼주에서 '전국 회의'로 열린 저지대 국가의 지역 회의에서는 필리프 3세의 중앙집권화 정책에 반대했고, 그 결과 부르고뉴공국과 전국 회의의 공동 통치 체제가 수립되었다.

필리프 3세의 뒤를 이은 용담공 샤를 1세는 1468년에 리에주를 획득하며 벨기에 지역 통일을 위한 노력을 계속 기울였다. 샤를 1세의 사망 후에는 딸인 마리가 부르고뉴 공작이 되었다. 1477년에 마리는 저지대 국가의 '마그나 카르타'인 위대한 특권에 서명했다. 이를 통해 부르고뉴공국 도시는 권리와 자유를 회복했고, 통치자(마리)가 세금을 거두고 전쟁을 선포하며 사법 문제 처리 시 전국 회의에 설명하도록 했다.

이 시기 플랑드르는 지적 활동과 예술 활동이 활발하게 이뤄졌다. 화려하게 장식된 고딕 양식의 타운홀과 교회가 도시를 수놓았다. 부르고뉴 공작의 지원으로 예술과 음악이 번창했다. 1425년에는 루뱅에 벨기에 최초의 대학이 설립되었고, 1517년부터 1521년까지 위대한 네덜란드 인문주의자 에라스뮈스가 이 대학에서 교수로 재직하기도 했다.

【 합스부르크 왕가의 통치 】

1477년에 마리 부르고뉴 공작은 후일 신성 로마 제국 황제로 선출되는 오스트리아의 합스부르크 대공 막시밀리안 1세와 결혼했다. 1482년에 그녀가 사망하자 막시밀리안 1세는 저지대 국가의 섭정이 되었다. 1494년에 그는 영토를 아들인 미남왕 펠리페 1세에게 넘겨주었다. 펠리페 1세는 스페인 국왕의 딸 후아나와 결혼했고, 오스트리아, 스페인, 저지대 국가 간 왕조의 연결고리를 형성했다. 이것이 이후 3세기 동안 벨기에 역사를 형성하는 데 영향을 미쳤다. 펠리페 1세의 아들 카를 5세는 신성 로마 제국 황제이자 스페인 국왕으로서 유럽의 가장 강력한 군주가 되었으며, 그가 다스리던 광활한 영토에는 스페인, 부르고뉴 저지대 국가, 오스트리아 제국만이 아니라 라틴아메리카와 아시아 식민지도 포함되었다.

벨기에는 교육과 예술의 중심지로서 명맥을 이어갔고 가장 도시가 발달한 곳이었지만, 문제의 싹이 움트고 있었다. 플랑

황제 막시밀리안 1세와 아들 미남왕 펠리페 1세, 그리고 부인 마리 드 부르고뉴, 손자 페르디난트 1세와 카를 5세(가운데 앉아서 오른쪽을 쳐다보는 인물), 손녀 마리아 폰 외스터라이히의 초상화
(베른하르트 스트리겔, 1515년 작품)

드르의 방직 산업은 영국과 경쟁해야 했다. 즈윈 어귀에 퇴적물이 쌓이면서 브뤼주에서 북해로 향하는 교역로가 끊겼고, 카를 5세는 상업과 금융의 중심지로 안트베르펜을 선호했다. 설상가상으로 카를 5세는 군사 정벌을 위해 도시에 막대한 세금을 부과했다. 1540년에 헨트(카를 5세의 출생지)에서 반란이 일어났으나, 이는 결국 진압되었고 헨트를 이끌던 시민들은 굴욕을 당했다.

【 종교개혁과 반란 】

그런데 이보다도 더 암울한 구름이 드리우고 있었다. 바로 종교개혁으로 인한 반란과 반발이었다. 카를 5세의 치세 동안 개신교는 특히 네덜란드 북부에서 교세를 확장하며 로마 가톨릭교회의 권위와 권력에 맞섰다. 1550년에 카를 5세는 이교도 판정을 받은 사람에게 사형을 내리는 법을 공표했다. 그러나 개신교는 더욱 널리 전파되었다. 카를 5세가 1555년에 퇴위하여 수도원으로 거처를 옮긴 후, 그의 뒤를 이은 아들 펠리페 2세는 저지대 국가에서 가톨릭교에 저항하는 모든 세력을 탄압하기 시작했다.

펠리페 2세는 스페인에서 왕국을 통치했으며, 저지대 국가의 부에만 관심이 있었다. 그는 또다시 세금을 올렸다. 그리고 섭정이던 마르게리타를 통해 트리엔트 공의회의 반개신교 칙령을 무자비하게 시행했다. 칼뱅주의를 점점 받아들이던 백성들은 박해를 두려워했지만, 대부분이 가톨릭교 신자였던 귀족들은 사회의 안정과 자신들의 번영을 위협하는 이 정책에 반대했다. 가톨릭교와 개신교 신자를 막론하고 다른 귀족 및 시민과 함께 오랑주의 윌리엄(침묵 공 윌리엄), 안트베르펜 성주와 홀란드, 위트레흐트, 젤란트 총독이 국무회의에서 사임하고, 펠리페 2세의 중앙집권적 통치에 저항하고 저지대 국가에서의 종교재판을 없애기 위해 브레다 타협에 서명했다. 1566년에 흉작이 든 이후 재세례파, 칼뱅파, 개신교도 군중이 들고일어나 가톨릭교회를 약탈하고 '성상을 파괴'하는 사건이 벌어졌다. 이듬해에 펠리페 2세는 페르난도 알바레스 데 톨레도 알바 공작을 저지대 국가 총독으로 임명하고 군대 1만을 함께 보냈다. 알바 총독의 통치하에 수천 명이 목숨을 잃었다.

망명을 떠나야 했던 윌리엄 3세는 망명지에서 반란을 준비했다. 바다에서는 '해상 거지'로 알려진 그의 충성스러운 해적 무리가 스페인 선박을 괴롭혔다. 수년간 종교 전쟁이 이어졌고, 1576년 11월 8일에 가톨릭교와 개신교 세력이 헨트 평화 회의에서 협정에 서명하는 등 평화와 통일을 이루려는 시도 끝에 전쟁은 막을 내렸다. 이 평화 회의에서는 종교 갈등을 종식하려는 희망을 품고 현대 벨기에 헌법에도 명시된 종교의 자유를 보장했다.

이 격동의 시기에 현대 네덜란드, 벨기에, 룩셈부르크의 국경이 확정되었다. 윌리엄 3세는 저지대 국가 전체의 독립을 추구했으나, 남부의 주는 여전히 스페인과 가톨릭교에 충실했다. 1579년에 개신교를 믿는 북부가 위트레흐트동맹을 결성하며 네덜란드주 동맹이 탄생했다. 같은 해에 남부의 주(대략 지금의 벨기에와 룩셈부르크에 해당)는 친스페인, 친가톨릭 협정에 서명하고 아라 동맹을 결성했다.

【 스페인 통치하의 네덜란드 】

1585년에 스페인이 통치하던 네덜란드는 브뤼셀을 수도로 정했다. 그리고 펠리페 2세가 임명한 총독이 이 지역을 다스렸다. 개신교를 믿는 많은 상인, 장인, 지식인이 북부로 넘어갔고, 그들 소유의 돈과 지식도 함께 북부로 이동했다. 그러나 펠리페 2세의 딸인 이사벨라 클라라 아우제니아와 남편인 알브레히트 7세의 통치 시기 네덜란드는 1598년에서 1621년 사

해바라기가 있는 자화상(안토니 반 다이크, 1633년 이후 작품)

이 반자치적인 국가가 되었다. 그리고 레이스 제작, 비단 방직, 다이아몬드 가공 등 사치품 산업이 번성하면서 경제 호황을 구가했다. 이 시기에 안트베르펜에서 페테르 파울 루벤스, 안토니 반 다이크 등의 위대한 화가와 고전 철학자이자 인문주의자 유스투스 립시우스가 활동했다.

이런 호황도 잠시뿐이었다. 1618년에 30년 전쟁이라는 대규모 종교 전쟁이 가톨릭교 국가와 개신교 국가 사이에 발발했다. 이 전쟁은 1648년 베스트팔렌조약으로 끝나게 되었다. 또한 뮌스터조약이 체결되었다. 이로 인해 스페인의 펠리페 4세는 브라반트 북부, 림뷔르흐 북부, 플라망 젤란트를 포함하는 북부 영토를 내주었다. 이 조약으로 셸드강 어귀의 무역이 중단되었으며 안트베르펜이 쇠퇴하고 암스테르담이 이 지역의 주요 항구로 부상하게 되었다. 그리고 전쟁을 벌인 양측은 서로의 시민에게 종교의 자유를 인정하기로 했다. 이것으로 남부와 북부의 저지대 국가가 완전히 분리되었다.

교역로가 막힌 스페인 통치하의 네덜란드는 17세기 후반에 빈곤의 나락으로 떨어지게 되었다. 프랑스의 루이 14세가 여러 번 침략하면서 영토를 네덜란드 북부와 프랑스에 빼앗겼다. 마지막 스페인 출신 합스부르크 왕족인 스페인의 카를로스 2세가 후사 없이 사망하자, 나머지 영토를 프랑스가 흡수했다. 그러나 2년 후 네덜란드와 영국이 프랑스의 영토 소유에 이의를 제기했고, 이로 인해 스페인 계승 전쟁(1701~1713년)이 발발했다. 1713년에 이 영토는 신성 로마 제국 황제인 카를 6세에게 주어졌고, 프랑스는 릴과 덩케르크를 포함한 서부 플랑드르 영토를 유지했다.

【오스트리아의 통치】

이후 18세기 내내 벨기에는 오스트리아에 속했다. 카를 6세 사후, 유럽 열강은 그의 딸 마리아 테레지아를 오스트리아 왕가의 후계자로 인정하지 않았다. 프랑스의 루이 15세가 이 땅을 잠시 점령했다가 1748년에 오스트리아에 돌려주었다.

마리아 테레지아의 치세 동안 오스트리아의 통치를 받는 네덜란드의 경제는 다시금 활기를 띠었다. 도로와 수로가 건설되고, 석탄 산업이 장려되었으며 농업도 개량되었다. 그러나 마리아 테레지아의 아들이자 1780년까지 공동으로 제국을 통치했던 요제프 2세는 별로 인기가 없었다. 그가 추진했던 개혁, 특히 종교적 관용에 관한 칙령(1781년)은 진보적이었으나 실제로는 농노에서 귀족까지 모두의 반발을 샀으며 보수 가톨릭과 친공화파 간의 갈등을 촉발했다. 결국은 여러 파벌이 한데 모여 1789년에 오스트리아를 몰아내고(브라반트 혁명) 1790년에 벨기에 연방을 수립했다. 그러나 독립도 오래가지 못했다. 1792년에 오스트리아와 신생 프랑스 공화국 간에 전쟁이 벌어졌고, 1794년에 벨기에는 프랑스의 점령국 신세가 되었다.

【 프랑스의 통치 】

이 시기에 왈롱의 미래 경제의 초석이 다져졌다. 당시 왈롱 지역이 유럽에서 가장 산업화한 곳이었기 때문이다. 그러나 프랑스는 의무 복역 제도를 도입하고 교회를 박해했으며 이 지역 도시가 누렸던 오랜 특권을 없앴다. 플랑드르에서는 네덜란드어 사용이 금지되었다. 벨기에인들은 이제는 전통이라고 할 수 있을 반응을 보였다. 1798년에 농민 반란을 일으킨 것이다. 그러나 이 반란은 진압되고 말았다.

나폴레옹 치하에서는 1799년부터 이전보다 부드럽게 개혁 조치가 진행되었다. 벨기에 민법은 지금도 나폴레옹 헌법에 기초하고 있다. 교회가 받아들여졌고, 네덜란드의 셸드강 봉쇄도 해제되었으며 안트베르펜은 활기를 되찾았다. 그러나 프랑스는 이를 탐탁지 않아 했고, 나폴레옹이 1815년 워털루 전쟁에서 패한 뒤 통치 국가가 바뀌는 상황이 벨기에로서는 오히려 안심될 지경이었다.

【 네덜란드의 통치 】

1815년 빈 회의에서 유럽 열강은 벨기에와 홀란드를 합쳐 네덜란드 연합왕국을 건국함으로써 프랑스에 맞선 완충 지대를 만들었다. 오랑주의 프레더릭 윌리엄이 왕으로 추대되었다.

서로 다른 사회와 종교를 가진 두 나라를 통합하는 과제에 직면한 윌리엄 1세는 처음에는 과업을 잘 수행했다. 학교와 대학을 설립하고 산업화를 추진했으며 기업가에게 지원을 제공했다. 그러나 플랑드르의 애국심과 경쟁심이 얼마나 강한지, 그리고 플랑드르와 네덜란드가 서로 얼마나 다른지를 과소평가했다. 윌리엄 1세는 벨기에 남부의 정당한 정치적 대표성을 인정하지 않았고, 성직자의 권리를 제한함으로써 성직자를 배척했으며, (나폴레옹의 정책을 뒤집고) 네덜란드어를 국가 공식 언어로 채택하여 프랑스어권인 왈롱과 플라망어권인 북부 지역의 주민 모두가 반발했다. 양쪽 모두 네덜란드어가 자신의 언어가 아니라고 주장했다. 플랑드르와 네덜란드는 서로 통합하기에는 종교, 문화, 정치적으로 차이점이 너무 많았다.

1830년 8월 25일에 일어난 혁명은 다소 낭만적이었다. 오베르의 오페라 포르티치의 벙어리 처녀 중 듀엣곡인 '거룩한 조국애(프랑스어로 Amour sacré de la patrie)'가 울려 퍼지던 중, 관객들이 브뤼셀의 오래된 모네 극장에서 거리로 뛰쳐나가 "혁명을!"이라고 외친 것이다. 브뤼셀 시민의 지지에 힘입어 비슷한 저항이 벨기에 전역에서 일어났다. 이에 네덜란드가 물러가고 브라반트의 깃발이 브뤼셀 시청에 걸렸다. 벨기에의 독립은 1831년 6월에 열린 런던 회의에서 정식으로 인정되었다.

【독립】

후일 영국 빅토리아 여왕의 삼촌이 되는 작센 코부르크의 레오폴드 왕자가 벨기에의 초대 왕으로 등극했다. 레오폴드 1세는 매우 진보적인 헌법을 도입했고, 그의 재위 기간에 벨기에는 이전의 영광과 품위를 일부 되찾으며 세계에서 두 번째로 중요한 산업 강국으로 떠올랐다. 그러나 플랑드르 민족주의가 강해지면서 프랑스어권과 플라망어권 간의 분열은 더욱더 심화했다. 심기가 불편했던 네덜란드는 레오폴드 1세가 즉위한 지 얼마 되지 않아 침략을 감행했다. 그러나 영국과 프랑스가 벨기에를 지원했다. 그래서 네덜란드의 윌리엄 1세는 1839년

벨기에 초대 국왕 레오폴드 1세, 1856년

런던 조약을 통해 마지못해 벨기에를 "독립적이고 영구적으로 중립적인 국가"로 인정하게 되었다.

1865년에 레오폴드 2세가 아버지의 뒤를 이어 왕위에 올랐다. 그는 많은 분야에서 여러 업적을 남겼다. 상업과 운송 부문을 계속해서 개발했고, 1886년에는 네덜란드어를 공식 언어로 인정했으며, 1893년에는 모든 성인 남성 시민에게 투표권을 부여했다. 그리고 플랑드르와 왈롱 지역 주민에게 동등한 권리를 인정하는 법안을 1898년에 통과시켰다. 그러나 레오폴드 2세는 콩고에서 벌인 일 때문에 오늘날까지도 회자된다.

【 레오폴드 2세와 콩고 】

레오폴드 2세는 1870년대에 탐험가 헨리 모턴 스탠리의 콩고 유역 탐험을 지원했고, 식민지를 보유하는 것이 벨기에의 경제 독립에 핵심이라고 생각했다. 현지 아프리카 지도자와 화의를 맺고 유럽 열강의 지지와 돈을 얻어낸 레오폴드 2세는 자기가 개인적으로 좌지우지할 수 있는 국가 연방을 만들었다. 사실상 레오폴드 2세가 콩고를 소유한 것이다. 그의 고무(벨기에의 새로운 공압식 타이어 산업용)와 상아를 향한 탐욕을 채우기 위해 수백만 명의 아프리카인이 죽고, 배고픔에 시달렸으며 신체를 절

단당했다. 레오폴드 2세는 콩고를 통해 막대한 이익을 거두었으나, 그가 콩고 민중을 상대로 자행했던 끔찍한 식민지 실험은 결국 국제적인 지탄의 대상이 되었다. 그리고 1908년에 벨기에는 정식으로 콩고를 식민지로 삼았다. 콩고는 1960년이 되어서야 독립을 쟁취했다.

【 두 번의 세계대전 】

1914년 8월 4일, 독일은 벨기에의 중립을 비웃으며 벨기에를 침공했다. 이는 제1차 세계대전의 포문이 열린 사건 중 하나였다. 벨기에가 입은 피해는 상상을 초월했다. 4만 4,000명이 넘게 사망했고 수천 명이 독일로 끌려가 강제 노역을 했다. 독일은 이런 야만적인 행위를 비판하는 목소리에 대해 벨기에가 민족 전통이나 강력한 정부가 없는, 진짜 국가가 아닌 인공물에 불과하다며 반박했다. 그러나 '용기 있는 작은 벨기에'는 침략자의 오만함에 짓밟힌 사면초가의 소국을 상징하는 나라가 되었다.

1919년 베르사유 조약으로 벨기에는 현재 독일어를 사용하는 동부의 주와 아프리카의 르완다-부룬디를 포함하는 막대한 배상을 받았다. 그러나 1차와 2차 세계대전 사이의 기간은 고통스러웠다. 국제적인 경제 위기를 겪었고, 인프라가 폐허로 변했고, 빈곤과 기아가 만연했다. 잠깐이나마 정치적 통합이 이뤄졌으나 오래가지 못했다. 그 이유는 아이러니하게도 1919년 선거에 도입된 '1인 1표제' 때문이었다. 이 선거 제도로 정치 지형이 바뀌면서 19세기 후반에 형성된 사회당이 여당이던 기독당만큼 강력해진 것이다. 이에 기독당은 좌파로 세력을 확대하여 점차 기독교 민주주의 성향을 띠게 되었다. 그러면서 연정이 많아졌다. 1930년대에는 실업률이 높고 사회 불안이 심했다. 플랑드르 지역의 요구가 높아지자 왈롱 지역 출신이 많은 정부는 1930년에 플랑드르와 왈롱 지역에서 하나의 언어만을 쓰도록 하는 정책을 시행했지만 언어적 경계는 모호하게 두었다. 플랑드르 민족주의 세력과 왈롱 지역의 우파 정당이 생겨나기 시작했는데, 이는 파시스트 이데올로기의 영향도 있었다. 이들 세력은 1936년 선거에서 상당한 지지를 확보했다.

제2차 세계대전이 발발하자 독일과 프랑스 사이에 있는 벨기에는 1940년 5월 10일에 또다시 침략당했다. 침략 18일 만에 레오폴드 3세는 항복을 결정했고, 이를 국민 대다수가 지지했지만, 정부는 반대했다. 점령당한 벨기에는 독일군과 벨기에 행정 조직(벨기에 유대인의 강제 추방에 협조하지 않았음)이 통치하도록 내버려두고, 벨기에 정부는 영국으로 망명하여 망명 정부를 세웠다. 독일의 점령 통치가 점점 가혹해지자 저항도 격화되었다. 약 2만 5,000명에 달하는 벨기에 유대인과 집시가 강제로 추방되어 수용소로 보내졌다. 이보다 적은 수의 사람들은 조금 더 '법치' 사회인 네덜란드로 보내졌다. 유대인 중 약 42%가 숨어서 살아남았고, 많은 사람이 아이들을 구하고 그들에게 새로운 신분을 주기 위해 위험을 무릅썼다. 벨기에는 1944년 9월 3일 연합군의 도움으로 해방되었다.

【 전후 시기 】

전쟁이 끝난 직후 독일 부역자를 상대로 보복이 이어졌다. 그리고 레오폴드 3세의 복위 문제가 정치적인 격변을 일으켰다. 전쟁 기간에 레오폴드 3세는 망명을 가려고 했다가 라컨에 있는 궁에서 가택연금 되었고, 1945년 연합군에 의해 벨기에가 해방되고 나서야 풀려났다. 레오폴드 3세의 복위를 묻는 국민투표는 벨기에를 양분했고, 연정도 붕괴시켰다. 새로 구성된 의회가 1950년에 레오폴드 3세의 복위 문제를 표결로 통과시켰지만, 복위는 그해에 대대적인 시위를 불러일으켰다. 특히 왈롱의 사회주의 세력의 반발이 거셌다. 결국 레오폴드 3세는

영국군이 브뤼셀에 입성한 것을 축하하는 모습, 1944년 9월 4일

1951년에 퇴위하고 아들인 보두앵 1세에게 왕위를 넘길 수밖에 없었다.

전후 시기는 성장과 회복의 시기였다. 1948년에는 여성이 완전한 참정권을 획득했다. 전후에 수립된 정부는 국제적인 동맹을 결성할 준비가 되어 있었고, 벨기에는 유럽의 전장에서 벗어나 지정학적 교차로 역할을 하기 시작했다. UN 헌장을 가장 먼저 서명한 국가 중 하나였으며, 1950년에는 북대서양 조약기구[NATO]에도 가입했다. 또한 현재 유럽 연합[EU]의 전신이 되는 기구를 형성하는 데 중요한 역할을 했다.

【 오늘날의 벨기에 】

브뤼셀은 유럽 국가가 모이는 중심지가 되었지만, 국내에서는 양대 주요 공동체의 사이가 점점 더 멀어지고 있었다. 제2차 세계대전이 끝난 후 플랑드르와 왈롱 지역의 경제적 부는 역전되었다. 왈롱 지역의 탄광업이 쇠락했으며 철강 산업도 대체로 외국 기업에 매각되었다. 반면, 플랑드르 지역은 새로운 산업 분야가 생겨나 새로운 부와 자신감을 가져다주었고, 언어의 동등한 지위에 관한 요구가 함께 나오기 시작했다. 프랑스어와 플라망어를 사용하는 지역 간에 언어적 경계선이 생겼고, 모두 성공적이라고는 할 수 없지만, 정부는 1962년, 그리고 1970년부터 2001년 사이에 적극적으로 연방 체제를 분권화하여 각 언어권으로 많은 권력을 이양했다.

1990년대의 벨기에는 안락해 보였지만, 여러 문제가 있었다. 경제 문제, 주요 정당 지지도 하락 등과 더불어 1996년에는 소아성애자 마르크 뒤트루의 소녀 납치, 성폭행, 살인과 관련한 추악한 스캔들이 터지며 정치적인 문제가 불거졌다. 당시 경찰이 범죄자와 결탁하여 대응하지 않았다는 주장은 뒤트루의 범죄만큼이나 사람들을 경악하게 했다. 벨기에 국왕 알버트 2세가 국민에게 진정할 것을 호소했을 때는 플랑드르와 왈롱 지역 주민이 합심하여 거리로 나와 소아성애자 범죄집단과 이 사건에 무관심한 듯 보였던 기관을 규탄했다. 뒤트루는 2004년에 무기징역형을 선고받았다. 2020년에 정신 감정을 신청했으나, 그의 보석은 기각되었다.

이런 전국적인 분노는 벨기에 정치 기구에 대한 불신이 들끓고 있음을 보여주었다. 정치 불신과 정정 불안은 선거로 제대로 된 정부를 구성하지 못한 기간의 기록을 경신하게 했다(장장 541일이었다!). 정부는 2018년 12월에 이민 문제를 놓고 분열되었다. 2020년 9월이 되어서야 플랑드르 자유당이 이끄는 연립 정부의 총리로 알렉산더르 더크로가 취임했다.

언어적 분할

벨기에에서 가장 먼저 눈에 들어오는 것이 바로 플라망어와 프랑스어가 주로 쓰인다는 점일 것이다(독일어도 공식 언어로 지정되어 있지만, 독일어 사용자 수는 가장 적다).

그리고 얼마 지나지 않아 언어적 이원성이 일상에서의 사회적 상호작용에서 국정 운영까지 많은 부분을 좌우한다는 점을 알게 될 것이다. 벨기에에서 언어는 언제나 권력의 상징이었다. 그러나 앞서 역사에서도 살펴보았듯이 어느 한쪽이 완전히 영구적인 '승리'를 거두지 못한 상황에서 역사의 흐름에 따라 우세한 언어도 바뀌었다. 그 결과 거의 모든 제도가 두 가지 언어로 이원화된 사회가 되었다. 그리고 각 언어를 사용하는 사람들도 다른 언어를 사용하는 사람들의 삶이 어떤지 잘 모른다고 말할 때가 많다.

이는 저지대 국가 전체에 걸쳐 현대 네덜란드어의 바탕이 된 게르만어족의 프랑코니아어가 프랑스어의 바탕이 된 라틴어를 대체한, 프랑크족이 지배하던 시기로 거슬러 올라간다. 그러나 중세 시대가 되자 플랑드르 지역에서 프랑스어가 귀족의 언어로 자리 잡았고, 독립할 때까지 네덜란드어가 공식 국가 언어로 지정됐던 시기는 단 한 번(1815~1830년)밖에 없었다. 네덜란드어는 벨기에가 독립 국가로 성립된 이후에도 반세기 넘게 국가 공식 언어로 인정받지 못했다. 그리고 지정된 후에도 교양 사회에서 쓰지 않는 농민의 언어라며 홀대받았다. 1898년에 모든 입법 활동이 두 개 언어로 이루어져야 한다는 법이 통과되었지만, 20세기에 들어서야 프랑스어의 우세가 진정한 의미에서 역전되었다. 플랑드르의 경제와 정치적 영향이 왈롱 지역을 뛰어넘기 시작했고, 플랑드르 지역에서 요구한 언어 평등이 마침내 법으로 제정되면서 벨기에에서는 세 가지 주요 언어가 동등한 지위를 인정받게 되었기 때문이다. 그리고 1962년에 시행된 법으로 브뤼셀은 두 언어를 모두 쓰되, 네덜란드어를 사용하는 북부, 프랑스어를 사용하는 남부로 언어적 분할이 이루어졌다.

네덜란드어 사용자는 전체 인구의 59%이며 프랑스어 사용자는 40%이다. 브뤼셀은 지리적으로는 플랑드르에 속하지만, 프랑스어 사용자가 약 80%에 이른다. 독일어는 세 번째 공식 언어이며 주로 동캔톤 지역에서 사용되고 사용자 수는 1% 정도이다.

언어 평등을 시행한 결과 웃지 못할 일도 생긴다. 공직자는 반드시 두 언어를 모두 사용할 수 있어야 하는데, 1980년대 중반에 프랑스어를 쓰는 림뷔르흐주 보에렌의 시장은 필수 플라망어 시험을 보지 않아 시장 자격을 상실했다.

플랑드르에서 쓰는 언어를 네덜란드어로 불러야 할지 플라망어로 불러야 할지와 관련해서는 의견이 엇갈린다. 네덜란드와 플랑드르 지역 모두 표준 네덜란드어를 공식 언어로 채택하고 학교에서 가르치며 기관에서도 사용한다. 또한 문어에서도 널리 쓰인다. 그렇지만 구어의 경우 변형된 언어가 상당히 많으며, 지역 방언도 많다.

브뤼셀 방언의 경우 플라망어 단어와 플라망어의 영향을 받은 구문을 사용한다. 그러나 외국인 상대로는 잘 쓰이지 않고, 외국인도 이를 잘 알아채지 못한다. 브뤼셀 방언 사용자가 외국인에게 말할 때는 프랑스어, 또는 많은 경우 영어를 사용하며 천천히 명확하게 말하기 때문이다. 옛 왈롱어도 여전히 사용되지만, 공식 언어로 채택되지는 못했으며 프랑스어에 밀려나는 추세이다.

벨기에의 도시

벨기에는 세계에서도 도시화가 가장 많이 된 국가이다. 인구 중 62%가 도시에 거주하고, 2022년 기준 2%도 채 안 되는 인구가 농촌에 산다. 브뤼셀을 포함하여 거의 모든 도시가 플랑드르 지역에 있다. 이 중에는 헨트(약 27만 명), 안트베르펜(약 52만 명)처럼 중세 시대에 성장한 도시가 있다. 그러나 몽스(약 10만 명)와 샤를루아(약 20만 명)부터 리에주(약 20만 명)에 이르는 왈롱

브뤼셀의 개선문. 벨기에의 독립을 축하하기 위해 레오폴드 2세가 건축을 의뢰했다.

의 산업 벨트에도 주요 도시가 있다.

【브뤼셀】

브뤼셀(프랑스어로 Bruxelles, 네덜란드어로 Brussel)은 벨기에의 수도이자 EU의 '수도'이다. 도시 이름은 프랑크어로 '습지 속 마을'을 의미하는 'Bruocsella'에서 유래했다. 15세기에 지어진 장대한 시청 건물은 1695년과 1700년 사이 프랑스의 포격에서도 살아남은 유일한 건물이다. 유명한 오줌싸개 동상이 있는 분수는 1619년에 제작되어 해당 구역의 물 공급을 책임졌는데, 마찬가지로 전쟁으로 인한 파괴를 면했다. 브라반트 사람의 유머 감각을 상징하는 건방진 매력 또한 이들이 가진 불굴의 정신을 보여준다. 오줌싸개 동상은 1년의 거의 절반은 옷을 걸친 모습이다. 공식적으로 옷을 입는 날이 정해져 있으며, 요청에 따른 복장 또는 벨기에나 국제 행사를 기념하는 복장을 하게 된다.

루아얄 광장 일대의 어퍼 타운은 1695년의 포격에서 살아남았지만, 중세 시대를 거쳐 18세기가 되자 신고전주의 양식의 도시 경관을 갖추게 되었다. 이곳에는 주요 박물관과 미술관이 있다. 1830년 독립 이후 레오폴드 2세가 거창한 건물을 많이 지었으며, 훌륭한 중심 거리와 공원이 생겨났다. 제2차 세계대전 이후 30년간 이루어진 대규모 재개발과 유럽 기구의 유치로 많은 가로수길과 고상한 분위기의 주거 구역이 철거되고 고속 우회로, 터널, 대규모 오피스 지구가 생겼다. 그러나 그동안 방치되고 규제되지 않았던 부동산 투기를 뒤로하고, 역사적인 가치가 있는 건물을 복원하기 시작했다.

【 안트베르펜 】

안트베르펜은 플랑드르에서 가장 큰 도시이자 안트베르펜주의 주도로, 인구는 약 52만 명에 달한다. 벨기에에서 가장 인기 있는 도시이자 최대 항구 도시로, 항구가 네덜란드 국경 바로 근처까지 이어져 있다. 이 항구 덕분에 석유화학, 자동차, 통신 등 다른 산업이 성장할 수 있었다. 안트베르펜은 오랜 세월 전 세계 다이아몬드 무역의 중심지로 자리했으며 앤트워프 식스라는 디자이너 그룹 덕분에 국제 패션계에서도 위상을 굳힐 수 있었다. 또한 역사가 긴 안트베르펜의 미로 같은 좁은 도로와 통로, 광장을 따라서 수많은 훌륭한 건축물, 르네상스 양식의 뜰, 바로크 양식의 정원, 미술관, 예술품이 있다. 그리고 가장 패셔너블한 카페와 레스토랑도 찾아볼 수 있다.

안트베르펜은 플랑드르 도시 중 가장 네덜란드다운 모습을 갖췄다고 여겨진다. 브뤼주처럼 엄청나게 깔끔하고 정돈된 느낌은 아니지만, 다소 이탈리아 같은 개방성과 따뜻함이 과장된 느낌을 준다. 어떤 사람은 너무 야단스럽고 적극적이라고 할지도 모르겠다. 이곳에는 아프리카인, 무슬림 외에도 유럽에서 가장 많은 초정통파 유대교 인구를 포함하여 유대인이 많이 거주하고 있다. 그러나 최근에는 공공연하게 인종차별주의와 플랑드르 분리를 주장하는 플람스 연합(2006년에 플람스 벨랑으로 명칭 변경)이 강세를 보이고 있다.

【 브뤼주 】

서플랑드르주의 주도이며 인구 약 12만 명의 브뤼주(브뤼게)는 벨기에 관광의 중심지로 가장 유명하다. 두 번의 세계 전쟁에서도 피해를 하나도 입지 않았던 덕분에 자갈길, 운하와 대교, 정교한 건축물이 원형 그대로 보존되어 중세 도시의 모습을 간직하고 있다. 제브뤼주와 다머, 그리고 네덜란드 슬라위스까지 여러 운하로 연결된 브뤼주는 '북부의 베니스'로 불리기도 하며, 항상 관광객이 북적이며 이름값을 톡톡히 하고 있다. 브

브뤼주의 운하 정경

뤼주에는 벨기에의 15세기 예술의 정수를 보여주는 박물관과 교회가 많으며, 브뤼주도 향수를 자극하는 아름다움을 적극적으로 활용한다. 게다가 브뤼주의 경제를 지탱하는 타임캡슐과도 같은 도시의 특성 덕분에 시 전체가 거대한 박물관이 되기도 한다. 브뤼주는 2000년에 유네스코 세계문화유산으로 등재되었다.

【헨트】

인구 약 27만 명의 헨트(겐트, 더 정확하게는 겐트 신트 피터스/강)는 동플랑드르주의 주도이다. 중세 시대부터 매우 중요한 내륙항구였고, 현재는 벨기에에서 두 번째로 큰 항구 도시이자 주요 산업 중심지로, 플랑드르 지역의 다변화된 경제 르네상스를 대표한다. 그렇지만 헨트에는 중세 시대의 탑과 구불구불한 운하, 수변 정원 등이 여전히 남아 있다. 또한 수많은 플랑드르 르네상스 양식의 주택과 길드 건물, 후베르트 반 에이크, 얀 반 에이크 형제가 제작한 유명한 '헨트 제단 장식'(1432년)이 있는 대성당, 세 개의 베긴회 수도회가 있다. 베긴회는 특수한 중세 플랑드르의 기구로 독신 여성이 수녀원에 들어가지 않아도 간호사처럼 좋은 직업을 갖고 살 수 있는 사실상 종교 공동체이다. 헨트에는 학생 수가 4만 명이 넘는 대학이 있는데, 거리는 학생들이 타고 다니는 자전거로 가득하다.

【 리에주 】

리에주주의 주도인 리에주(네덜란드어로 루이크, 독일어로 뤼티흐)는 뫼즈강과 우르트강이 합류하는 지점에 위치한다. 약 20만 명이, 대도시권까지 포함하면 65만 명 이상이 거주하고 있으며, 이는 벨기에에서 네 번째로 크다. 리에주는 벨기에 산업화의 상징이다. 프랑스 혁명 철학을 받아들인 데서 유래한 노동자의 투지는 가히 전설적이다. 리에주 경제는 두 번의 세계 전쟁과 중공업 침체로 20세기에 심한 타격을 입었다. 그러나 오늘날에는 유럽에서 세 번째로 큰 하항河港을 자랑하고, 여전히 벨기에의 소규모 무기 제조업 중심지로 자리하고 있다.

리에주의 첫인상은 산업화와 탈산업화로 무질서하게 뻗어나간 우중충한 도시일 수 있다. 그러나 알고 보면 정교한 로마네스크 양식의 교회 등 매력이 많은 곳이다. 매우 훌륭한 박물관과 세련된 쇼핑가도 있다. 탐정 매그레를 만들어낸 소설가 조르주 심농이 리에주에서 태어났다.

왈롱 지역의 주도 나뮈르의 항공 사진

【나뮈르】

상브르강과 뫼즈강의 합류 지점에 전략적으로 위치한 나뮈르(나먼)는 역사적으로 군사 요새로 쓰였다. 오늘날까지 남아 있는 거대한 요새가 특히 두드러진다.

인구는 11만 1,000명을 조금 넘지만 나뮈르주의 주도이자 왈롱 의회가 자리한 왈롱 지역의 정치적 수도이다. 중세 시대의 건축물 대부분이 파괴되었지만, 17세기와 18세기에 지어진 건물은 대부분 남아 있다. 오늘날의 나뮈르는 좁은 길과 작은 광장이 많은 평화로운 곳이다. 오랜 전통 중 하나가 40인의 거짓말쟁이 학회Académie des Quarante Molons라는 것이다. 이 모임은 거짓

말을 예술의 경지로 올려놓았고, 나뮈르에서 최고의 거짓말쟁이로 인정받은 사람만이 가입할 수 있다.

정부와 정치

벨기에의 정부 형태는 전체 사회를 하나로 엮는 다양성 속의 통일성을 잘 보여준다. 동시에 문제가 얼마나 복잡하든, 또는 그 결과가 내부적으로 얼마나 모순되든 상관없이 문제의 당사자 모두에게 일정한 권한을 주는 과정인 '벨기에식 타협'의 상징이기도 하다.

벨기에는 입헌군주국가이면서 연방 의회민주주의 국가이다. 군주는 국가수반으로서 벨기에의 민족 정체성을 대변하며 의회의 동의를 얻어 총리를 지명할 수 있다. 전국 차원의 의회인 연방의회는 직접 선거를 통해 선출된 150명의 의원으로 구성된다. 이 중 62명은 프랑스어를, 88명은 네덜란드어를 사용한다. 상원은 2014년 개혁 이후 60명 정원의 임기제로 바뀌었으며 지역회의라고도 불린다. 내각, 즉 장관회의는 군주가 임명하고 의회의 인준 절차를 거치며 프랑스어와 플라망어 사용자가 동수여야 한다. 정부는 법을 이행함과 동시에 법 제정 권한을 통해 입법에도 참여한다. 의회에 법안이나 개정안을 제출할 수 있다.

그러나 중앙 정부의 권한은 그리 크지 않고, 실질적인 권한

의회 건물과 사무실을 연결하는 조각 같은 육교인 Passerelle Tondo

대부분은 각 지역과 언어권 의회, 심지어는 시 단위의 지방자치단체가 가지고 있다.

【복잡한 체계】

벨기에는 지리적으로 10개의 주와 수도권인 브뤼셀로 구분되지만, 관료적으로 보면 훨씬 더 복잡하다. 헌법 개정으로 세 개의 언어권(플랑드르, 왈롱, 독일어를 사용하는 동캔톤)과 세 개의 지역(플랑드르, 왈롱, 브뤼셀), 연방 정부로 나뉜 세 단계의 정부를 연방정치 체계로 삼았다. 이런 지역과 언어권에는 경제와 문화적 권한이 주어졌고, 연방 차원의 권한과 위임된 권한의 구분이 매우 복잡해졌다. 각 지역과 언어권은 선거로 입법 의회를 뽑아 총 여섯 개의 정부를 구성하며 각 의회가 입법 활동을 한다. 이 체계는 모든 언어권을 만족하는 최상의 타협안이기는 하지만, 너무 복잡해서 행정 간소화를 위한 특별 장관이 있을 정도이다.

이렇게 체계가 많이 나뉘다 보니 벨기에에서는 대의민주주의가 매우 발달했다. 벨기에 시민은 6~7개의 정부[시, 주, 지역 및 언어권 의회, 연방의회, 상원(지역회의), 유럽의회]를 구성하기 위한 선거를 치른다. 투표는 의무적으로 해야 하지만, 기권을 할 수도 있다. 연방 선거는 4년마다 치러진다. 벨기에 정당 중에서 벨기에 전체적으로 활동하는 정당은 손에 꼽을 정도이고, 주요 정당을 포함한 대부분의 정당은 플라망어, 프랑스어, 독일어 사용자로 나뉜다. 연방 정부 정책은 모든 언어권에 동등하게 혜택이 돌아가도록 수립되어야 한다.

【 민족주의 우파의 재등장 】

최근의 선거 결과에는 그동안의 정치와 점점 거리가 멀어지는 모습이 반영되었다. 1991년에 네덜란드어와 프랑스어를 사용하는 다수의 유권자가 사회당, 자유당, 기독민주당을 버리고 녹색당 등 이슈에 기반한 소규모 신생 정당을 선택했다. 가장 눈에 띄는 경향은 바로 플라망 극우 세력의 부상일 것이다.

1978년에 창당된 플라망 민족주의 정당 플람스 연합[VB]은 플랑드르 지역의 자치(온라인 뉴스레터의 이름도 플라망 공화국이다)와 함께 외국인 노동자의 본국 송환을 주장하고, 브뤼셀의 지위를 플랑드르에 속하는 도시로 복원하기를 원한다. 1991년 선거에서 안트베르펜 유권자 25%의 지지를 받아 전국을 깜짝 놀라게 했던 VB는 2003년 선거에서는 30%의 지지를 받았으며, 플랑드르 의회의 약 20%를 차지했다. 2004년에 인종차별적 정당이라는 법원의 비판을 받은 플람스 연합은 이름을 플람스 벨랑('플라망의 이해')으로 바꾸었다. 2015년부터는 유럽의회에도 진출했다. 2019년 선거에서는 네덜란드어를 사용하는 플랑드르 지역에서 18.5%를 득표하면서 벨기에 최대 정당인 우파 신 플람스 연맹의 뒤를 이어 2위를 차지했다. 서유럽 국가 대부분에서 비EU 국가 출신 이민자가 늘었으며, 플람스 벨랑 같은 민족주의 정당의 지지도 확대되는 추세이다.

경제

전쟁과 점령으로 점철된 벨기에의 역사에서도 르네상스의 '황금시대'와 제1차 세계대전 발발 50년 전 등 눈에 띄는 번영을 구가했던 시기가 있었다. 1910년경, 벨기에는 전 세계에서 세 번째로 큰 상업 국가였고, 경제적 부는 철도 인프라와 철도 차량에서 창출되었다. 오늘날 이 같은 경제 번영의 시기가 다시금 도래했다는 신호가 보인다. 경제가 개발되고 현대화되었으며 EU 내에서 벨기에의 지위가 점점 높아지는 덕분이다.

【새로운 다변화】

오랜 세월 남과 북(왈롱과 플랑드르)이 번갈아가며 벨기에 경제를 뒷받침했다. 현재 경제적으로 부상하는 곳은 섬유, 제지, 기계, 식품 가공, 바이오테크, 제약, 통신, 원예 등을 아우르는 산업 다변화와 언제나 그랬듯 훌륭한 무역항의 이점을 활용하는 플랑드르이다. 그러나 중공업의 쇠퇴를 딛고 일어나는 왈롱도 지역 관계 당국의 지원에 힘입어 경제를 경공업과 하이테크 산업 및 서비스업으로 부지런히 재편하는 중이다. 세계경제포럼의 분류에 따르면 벨기에는 세계에서 가장 경쟁력 있는 상위 20개국에 포함되며, 언스트 앤 영은 2021년에 벨기에를 외국인 직접 투자를 하기 가장 좋은 5대 유럽 국가로 평가했다. 벨기에 수출 상대국의 3/4은 유럽 국가이다.

국내 경제의 경우 주로는 서비스, 운수, 제조, 무역업이 중심이다. 주요 경제 부문은 화학과 플라스틱(각각 전체 제조업의 15%, 7.8% 차지), 금속 공학 및 금속 세공(18.5%), 식품(10.9%), 제약(13.1%), 제지 및 판지, 출판 및 인쇄(5.7%), 기계 및 장비(7.6%), 운송 장비 제조(7%) 등이다. 제조업은 수입에 크게 의존하지만, 산업의 규모와 인구 대비하여 수출하는 비율이 훨씬 높다. 농업은 GDP에서 차지하는 비율이 매우 낮다(0.64%, 2020년 기준).

2020년 161개국의 농업 생산이 GDP에서 차지하는 평균 비율은 10.86%였다. 농업에는 임업, 수렵 및 어업, 작물 재배 및 가축 생산 등이 포함된다. 농업의 비중이 적다 보니 2020년에 농업 부문에서 고용한 노동자 수도 상당히 적었다(0.92%).

유럽에서 세율이 가장 높은 축에 속하지만, 규제를 잘 지키지 않는 벨기에인의 전통적인 특성이 벨기에의 지하경제를 크게 활성화한 요인이 되었을 것이다.

【 특별 취급 대상인 브뤼셀 】

한편, 브뤼셀은 EU와 여러 국제기구 및 기업이 자리한 도시라는 점에서 왈롱이나 플랑드르와는 사뭇 다른 발전 경로를 걸었다.

브뤼셀에 자리를 잡은 수많은 정부 기관, 정부 간 기구, 비정부 기구 및 기업은 서비스 산업과 대형 건설업을 촉진했다. 그러나 벨기에에서 가장 부유한 지구와 빈곤한 지구 모두가 존재하는 양극화된 도시이기도 하다. 브뤼셀의 실업률은 플랑드르나 왈롱보다 훨씬 높다.

【코로나19 팬데믹】

벨기에에 코로나19가 닥쳤을 당시, 벨기에 정치는 정체 상태였다. 최초 확진자가 보고된 것이 2020년 2월이었고, 국내 전염이 확인된 것이 3월 초였다. 그리고 이때 벨기에의 인당 코로나19 사망률은 세계에서 세 번째로 높았다. 3월이 되자 관계 당국은 학교, 카페, 식당의 운영을 중지하고 스포츠나 문화 행사 등 모든 대중 집회를 취소하는 명령을 내렸다. 2020년 3월에 필수적이지 않은 여행은 금지하는 국경 폐쇄조치를 단행했으며, 나중에 이 조치를 4월까지 연장했다. 더 단호하게 봉쇄해야 한다고 주장했던 공중보건 전문가와 바이러스 학자들은 이런 당국의 조치를 강하게 비판했다.

코로나19 팬데믹은 공식 정부의 부재에 관한 논쟁을 촉발했으며, 그 결과 150석의 의회 중 38석을 차지했던 정당의 소피 윌메스가 임시 정부를 이끌게 되었다. 방역 조치 시행으로 많은 행사가 취소되었다. 그러나 전국적으로 조치를 이행한 덕분에 바이러스의 확산을 최소화할 수 있었다. 처음에는 방역 조치를 잘 준수했던 것과는 달리, 팬데믹이 발생한 지 2년이 지나자 보건 인력과 기타 인력의 의무 백신 접종에 반대하는 시위가 브뤼셀에서 발생했다.

유럽 속 벨기에

"유럽의 조종석"이라는 말처럼 벨기에는 유럽의 허브이다. 제2차 세계대전의 폐허를 딛고 일어난 벨기에 망명 정부와 네덜란드, 룩셈부르크 정부는 1944년 런던에서 베네룩스 관세동맹을 결성하는 협정서에 서명했다. 이 협정은 1948년에 발효되었으며 10년 후 베네룩스 경제연합 협정으로 발전했다. 정치와 경제 통합을 더욱 확대하면서, 1957년에 베네룩스 3국은 현 EU의 전신인 유럽경제공동체의 창설 국가가 되었다. 현재 브뤼셀에는 EU의 세 가지 주요 기구(EU 정상회의, 집행위원회, 의회)를 유치하고 있다(다만 유럽의회는 스트라스부르에도 본부가 있다). 이외에도 많은 범유럽 기구가 브뤼셀에 있다.

EU가 벨기에, 특히 브뤼셀을 국제무대에 다시 올려놓았다는 사실은 부인할 수 없다. 그러나 2004년에 10개국이 새로 EU에 가입하고 여러 동유럽 국가가 가입을 신청한 상황에서 EU의 지리적 중심은 점점 동쪽으로 이동하고 있다. 그렇지만 브뤼셀은 여전히 허브로 남아 있다. 2013년 7월 1일, 크로아티아가 EU의 스물여덟 번째 회원국이 되었다. 몬테네그로, 세르비아, 튀르키예가 현재 가입 협상을 진행 중이며, 알바니아와 북마케도니아도 후보 국가로 이름을 올리고 있다. 보스니아-헤르체고비나와 코소보도 잠재적인 후보국이다(다만 영국은 이런 대세를 거스르고 2020년 1월 31일에 EU에서 탈퇴했다). 그러나 벨기에 국민 사이에서는 유럽의 허브 역할이 벨기에에 얼마나 도움이 되는지에 대한 의견이 분분하다. 유럽이 고용을 많이 창출하는 것은 사실이지만, 많은 벨기에인, 특히 플랑드르 지역 주민은 브뤼셀에서 일하더라도 거주하지 않고 통근한다. 앞서 살펴본 것처럼, 많은 플랑드르 주민은 브뤼셀이 플랑드르의 도시이지만 프랑스어권이 선택적으로 영향권에 편입했다고 생각한다. 그리고 'EU 관료'를 상대로 불만을 표출하기도 한다. 브뤼셀의 번영에 도움을 주지 않는 침입자로 보는 것이다. 이는 EU 관료가 보통 교외의 외국인 거주 지역에 살기 때문이다. 그러나 벨기에식 실용주의와 높은 적응성은 브뤼셀을 외국인이 살기에 편한 도시로 만드는 요소이다. 작지만 훌륭한 지역 대중교통 체계를 갖추었고, 다양한 언어를 구사하며 모든 이의 기호를 충족하는 상점, 식당, 엔터테인먼트를 즐길 수 있는 매우 국제적인 도시가 바로 브뤼셀이기 때문이다.

세계 속 벨기에

콩고에서의 착취로 벨기에는 유럽 국가 중 최악의 제국주의 국가로 기록된다. 물론 이런 오명을 완전히 씻어낼 수는 없을 것이고, 현재 콩고 유역 국가의 상태는 식민 지배 시절의 유산임이 분명하다. 그러나 오늘날 벨기에는 이전보다 훨씬 더 선의를 갖고 국제 문제에 관여한다. 2004년에 EU 집행위원으로 임명된 루이 미셸 전 외무장관은 콩고민주공화국과 인접 국가인 르완다 및 부룬디의 경제를 재활성화하고 중앙아프리카에서 진행 중인 갈등의 해결을 지원하여 과거 식민 지배 시절에 대해 속죄하고자 했다. 그는 2002년에 콩고 독립 운동의 아버지인 파트리스 루뭄바가 1961년 살해된 것에 대한 벨기에의 도덕적인 책임을 공식적으로 인정했다. 2020년 '흑인의 생명도 소중하다' 운동이 벨기에까지 번졌고, 브뤼셀 전역에서 시위가 일어났다. 당시 만 명에 가까운 시민이 인종차별에 반대하며 집회에 나섰다. 이 시위 이후 벨기에 국왕은 콩고민주공화국 대통령에게 지난날의 착취에 관해 깊은 유감을 표명하는 서한을 보냈다.

벨기에는 1945년부터 국제 연합United Nations 회원국이었으며,

모든 주요 UN 기구 및 브뤼셀에 본부를 둔 북대서양조약기구 NATO 회원으로 활동하고 있다. 그리고 아프가니스탄과 발칸 반도 등에서 UN 평화유지군 활동에도 많이 참여했다.

【 로비스트의 도시 브뤼셀 】

수천 개의 국제기구가 벨기에에 모여 있고 대부분이 사무실을 브뤼셀에 두고 있는 관계로, 브뤼셀은 정치 및 비즈니스 로비스트를 자석처럼 끌어당긴다. 최근에는 정치학 싱크탱크 중에도 기업이 지원하는 정책 연구 센터가 많이 생겼다.

02

가치관과 사고방식

벨기에는 교역 중심지, 그리고 가슴 아프게는 점령지였던 탓에 오랫동안 다양한 문화, 언어, 종교가 교차하는 곳이었다. 이 모든 것이 신중하며 위험을 감수하지 않지만, 권위주의를 반대하고 체제 전복적인 면이 강한 오늘날 벨기에인의 가치관과 사고방식을 형성했다.

언어적 분할의 영향과 교역, 전쟁, 점령으로 외국 문화에 노출된 오랜 역사(매우 작은 국가이지만 전략적 중요성이 높았던 국가로서의 경험), 이 두 가지 요소가 벨기에인의 가치관과 삶의 태도에 결정적인 영향을 미쳤다.

따로 또 같이

플랑드르와 왈롱의 문화는 명백히 다르지만, 그렇다고 흑백으로 경계가 분명한 것은 아니다. 강하게 자리 잡은 지역 고정관념으로 보면 플랑드르 사람들은 내성적이고 금욕적이며 직업의식이 강한 '게르만인', 즉 북유럽인에 가깝다. 반면에 왈롱 사람들은 사교적이고 대담하며 인생을 즐기는 '라틴인', 즉 남유럽인에 해당한다. 이는 어느 정도는 사실이지만, 고정관념이 대개 그렇듯 특성을 대강 일반화한 것이며 현실은 훨씬 복잡미묘하다. 플랑드르 지역의 안트베르펜은 도시의 바로크 양식 건축물처럼 이탈리아식으로 과장이 심하며, 관대하고 선정적인 것으로 유명하다. 헨트에서는 상류층은 프랑스어와 헨트 방언(오늘날의 억양이 센 네덜란드어에 해당)을 모두 사용하는 등 언제나 두 언어를 모두 사용했다. 그러나 헨트는 독립성이 매우 강한 모습 등 플랑드르인답다고 여겨지는 특성도 나타난다. 그런가 하면 프랑스어를 사용하는 나뮈르와 몽스는 둘 다 따분하고 고루하며 구식이라고 여겨진다. 리에주 사람은 단호하게(누군가는 도전적이라고 말한다) 독립적이면서도 유쾌한 활력이 있다. 그리고 세계화된 도시인 브뤼셀에 언어적 고정관념을 적용하는 것은 불가능하다. 게다가 벨기에 내에서 과거와 현재의 인구 이동과 이민(아래 참조)까지 고려하면 이런 특성은 훨씬 더 복잡해진다.

그러나 언어 문제는 벨기에인이 자신과 다른 벨기에인을 이해하고 규정하는 가장 결정적인 문화적 요소로 여겨진다. 벨기에의 절반이 넘는 인구가 모국어로 삼고 있는데도 국가 공식 언어로 네덜란드어가 가장 나중에 채택된 사실은 여전히 플랑드르 사람들의 아픈 손가락이다. 반면 왈롱 사람들은 플랑드르 사람들이 이것에 관해 너무 유난을 떤다고 생각한다. 그렇지만 그 어느 언어권에서도 다른 언어를 사용하는 데에는 별 관심이 없다. 플랑드르 사람이 영어나 스페인어는 하더라도 프랑스어는 절대 하지 않는다거나, 프랑스어를 쓰는 공무원이 직무 필수 요건을 채우기 위해 마지못해 네덜란드어 수업을 듣는 모습을 흔히 볼 수 있다. 플랑드르와 왈롱 지역 학교에서는 학생들이 다른 국가의 공식 언어를 배우기보다 영어를 배우는 편이다. 언론과 대중매체도 언어별로 명확히 구분된다. 그러나 이렇게 언어로 나뉜 벨기에인도 벨기에가 어떤 나라이며 어떻게 나라가 운영되는지, 국정 운영 방식이 효과적인지, 왜 차이가 있는지, 완전히 나라가 분할될 가능성이 있는지 등을 놓고 이야기하는 것은 좋아한다.

수많은 차이점에도 모든 언어권에는 공통적인 가치와 특징이 많으며, 세 언어권 모두 역사적으로 더 강력한 이웃 국가에 편입되기보다는 벨기에로 남기를 원한다. 플랑드르나 왈롱 지역에서 자기 지역이 독립해 프랑스나 네덜란드로 병합되기를 바라는 사람은 거의 없다. 규모가 작은 동캔톤도 자신의 정체성이 독일에 통합되기를 바라지 않는다.

이들을 하나로 모으는 긍정적인 요소도 있다. 그중 하나가 바로 국가의 상징이자 기관인 왕실이다. 종교적 관용도 있다. 벨기에는 세속 국가이며 서유럽 국가 중에서 무신론자가 가장 많다. 국가에서 인정하는 종교에는 가톨릭교, 개신교, 유대교, 이슬람교, 영국 국교회, 그리스와 러시아 정교회 등이 있다. 인구의 절반이 넘는 58%가 로마 가톨릭을 믿으며, 27%가 무신론자 또는 불가지론자이다. 또한 5%는 이슬람교 신자이고, 다른 종교가 나머지 3%를 차지한다. 플랑드르와 왈롱 사람들 대부분이 가톨릭 신자이지만 여기에도 차이가 있다.

【 언어와 계급 】

수 세기 동안 프랑스어는 지배 계급의 언어였고, 다양한 플라망어 방언은 피지배 계급의 언어였다. 프랑스어를 주로 사용하던 플랑드르 부르주아지조차 플라망어를 경멸했다. 그러나 이제 언어 구분은 계급 구분과 긴밀하게 연관되지 않는다. 왈롱 지역이 산업 노동자 계급과 강력한 사회주의 및 노동 운동의 중심지가 되자, 프랑스어 사용은 출신지를 나타내는 상징이 되었다. 오늘날 벨기에인은 사회적 계급을 별로 중요하게 여기지 않지만, 조금 보수적인 사람(대체로 윗세대)이라면 잘난 체를 할 수도 있다. 양쪽 언어권에서 사회적 지위는 대체로 부를 기준으로 한다. '오래된' 가문은 대체로 왈롱 지역에 있다.

점령과 교역의 유산

벨기에는 교역 중심지, 그리고 가슴 아프게는 점령지였던 탓에 오랫동안 다양한 문화, 언어, 종교가 교차하는 곳이었다. 이 모든 것이 신중하며 위험을 감수하지 않지만, 권위주의를 반대하고 체제 전복적인 면이 강한 오늘날 벨기에인의 가치관과 사고방식을 형성했다. 과거 광신주의(신앙인이 자기의 신념을 지나치게 믿어 이성과 관용을 잃은 태도나 주장-옮긴이)로 고통을 겪고 여러 사람을 대하는 경험이 쌓인 벨기에인은 적응력이 좋고 관대하다. 그러나 벨기에의 업적과 잠재력에 관해서는 지나치게 겸손하고 실패에는 비판적이며 개인적으로든 집단적으로든 자기를 비하하는 성향이 있기도 하다.

【작은 나라】

"작은 나라Ce Petit Pays"라는 표현은 벨기에인이 벨기에를 설명할 때 자주 쓰인다. 정부 웹사이트에서도 심심치 않게 볼 수 있다. 왜 굳이 나라가 작다는 점을 그렇게 강조할까? 벨기에가 세계 최대의 교역 블록에서 허브 역할을 하는데도 '용기 있는 작은 벨기에'라는 이미지가 아직도 유효한 것일까? 벨기에의 역사를 생각하면 벨기에가 살아남은 것에 벨기에인이 자부심을 느낀다고 볼 수도 있을 것이다. 그런데 벨기에는 언제나 벨기에를 둘러싼 전쟁에서 이겼다기보다는 살아남았다.

벨기에인은 개인이든 국민 전체든 겸손하고 잘난 체하지 않는 편이다. 그리고 자기의 업적으로 다른 사람에게 깊은 인상을 남긴다거나 자기의 주장이 옳다고 증명하고 싶어 하지 않는다. 벨기에는 세계 최대 수출국으로 손꼽히지만, 스텔라 아르투아를 제외하고 국제적으로 널리 알려진 브랜드는 거의 없다. 그래도 요즘은 레페나 호가든 같은 맥주의 유럽 시장 점유율이 높아지고는 있다. 벨기에는 자동차 제조를 선도하는 나라이지만, 1930년대 이래로 벨기에산 자동차 브랜드는 없으며 오펠, 포드, 아우디, 볼보, 폭스바겐 등 유명 브랜드의 차량 조립 공장이 벨기에에 있다.

튼튼한 산업 역량과 창의성에 힘입어 기업이 번성했던 20세기 초에는 유명한 벨기에산 브랜드가 있었다. 그러나 이런 특성은 곧 전 세계적으로 퍼져나갔다. 오늘날 벨기에는 많은 다국적 기업에 영향을 미치지만, 눈에 띄지는 않는다. “행복하게 살기 위해 눈에 띄지 않게 산다.”라고 벨기에 금융가인 알베르 프레레가 말했던 것처럼 말이다.

동시에 벨기에인은 자신을 너무 과시하지 않으며 개인주의적이다. 개인의 스타일을 보면 겉으로 보기에는 조용하고 눈에 띄지 않는 것 같지만, 마그리트 같은 기발함이 숨겨져 있을 수 있다. 거리에서 지나치는 정장을 입은 남성이 잔디 깎는 기계나 19세기의 성관계 보조기구를 수집하는 사람일 수도 있다. 평범해 보이는 문 뒤에 이상한 박물관이 숨겨져 있다거나, 뒷골목에는 특이한 옷과 장신구, 오래된 만화책이나 교회 의자를 파는 가게가 있거나 하는 식이다. 건축물과 스포츠에서도 개인주의가 나타난다. 벨기에는 팀 경기보다는 테니스나 사이클링처럼 개인 스포츠에서 강세를 보인다.

【반권위주의】

권위에 회의적이고 예외 없이 규칙을 따르는 것을 좋아하지 않는 벨기에인의 성향은 그간 수많은 외세의 지배를 겪으며 정부에 발언권이 거의 없었던 데서 비롯한다. 물론 다중 언어를 사용하는 체계 때문에 발생한 다양한 수준의 관료주의에 대한 반응이기도 하다.

과거엔 반권위주의가 폭동의 형태로 나타났지만, 요즘은 그 수위가 좀 더 낮아진 편이다. 탈세(전 국민적인 스포츠로 여겨짐)한다거나 교통 법규나 사소한 관료주의를 위반하는 정도이다.

부패 정치인과 정당 후원을 둘러싼 스캔들도 자주 일어난다. 사실, 정당의 자금 조달에 관한 규제의 시행으로 1950년대부터 1970년대까지 있었던 비공식적인 정치적 특혜 제도가 폐지되었다. 이때 특히 플랑드르 지역에서는 정치적 투명성을 달성했다는 만족감보다는 혜택을 받을 기회가 사라진 것에 불만이 많았다.

정치적 냉소주의(누군가는 무관심이라고도 한다)도 매우 만연해서, 거의 절반이 넘는 벨기에인이 정치인은 부패했다고 생각한다. 그래서 투표 기회가 상당히 많은데도 대중이 다양한 층위의 정부를 통제한다는 의식이 낮다. 이데올로기를 믿는 경우는 상당히 드물다. 오히려 플랑드르의 극우 세력이 인종차별주의적 사고방식을 이데올로기 수준으로 끌어올린 것이 특이한 경우이다.

안락한 삶

브뤼셀의 좋은 레스토랑에서 식사해보면 벨기에인이 맛있는 식음료, 넓고 가구가 잘 갖춰진 주택, 레저 등 삶을 안락하게 해주는 것을 상당히 좋아한다는 점을 알게 될 것이다. 이런 특성이 성실함과는 잘 안 어울리지만, 스트레스를 피하는 확실한 방법이기는 하다. 벨기에인은 저녁 시간, 주말, 휴가를 매우 중요하게 생각하고, 이 시간을 제대로 즐기는 방법을 안다 (4장과 6장 참조). 여행을 많이 다닌 소설가 아멜리 노통브는 벨기에의 고향에서 느끼는 편안함, 조용함, 안락함을 애정을 담아 "팍스 벨기카(벨기에의 평화)"라고 불렀다.

안락한 삶을 위한 욕망이 이를 위한 부의 추구라는 야망으로 이어지는 일은 거의 없다. 벨기에인은 승진 기회나 직업 안정성이 좋은 것보다는 근무 환경이 좋은 것을 더 중요하게 여긴다. 그리고 만족하는 직장을 찾으면 이직을 많이 하지 않는 편이다.

【 신중함과 실용성 】

삶을 안락하게 해주는 것을 좋아하지만, 특히나 돈과 관련해서 위험을 감수하지 않는 것은 벨기에인, 특히 플랑드르인다운 특성이다. 플랑드르인은 EU에서도 저축률이 가장 높다. 왈롱 사람은 씀씀이가 헤픈 것으로 유명하다.

이런 신중한 태도는 변덕이나 '명분' 때문에 귀중한 혜택을 위험에 빠뜨리지 않는 확고한 실용주의와 연결된다. 이성적으로 선택하는 것을 선호하는 탓에 종교와 정치의 경직성을 매우 싫어한다. 어떤 사람은 다변화를 통한 최근의 경제 발전이 이런 실용주의적 적응력을 보여주는 증거라고 생각한다.

벨기에식 실용주의는 추상적이기보다 구체적인 세부 사항에 집중하는 방식으로 예술에도 반영된다. 이는 15세기 위대한 화가들의 작품에서 찾아볼 수 있다. 반 에이크의 〈아르놀피니의 결혼〉에 묘사된 작은 강아지나 아무렇게나 벗어놓은 신발 한 켤레, 피터 브뤼헐의 세속적인 마을 풍경, 플랑드르 예술가의 초상화를 생각해보면 된다. 사실 현실과 초현실은 동전의 양면과도 같다. 일상적인 물건을 전복적으로 표현한 마그리트의 초현실주의처럼 말이다.

타협의 대가

갈등 대신 타협하는 것은 매우 벨기에인다운 특성이다. 벨기에인은 갈등을 좋아하지 않고 극단적인 입장을 취하려 하지 않는다. 정치 체제와 산업 관계도 타협을 기반으로 한다. 그리고 결과가 매우 복잡하고 비효율적일 경우가 많다고 하더라도 모든 이해당사자에게 조금씩 양보하는 방식으로 문제를 해결한다.

언어적 분할을 다루는 방식은 전형적인 벨기에식 타협이다. 양대 언어권의 차이가 얼마나 심하든 간에, 1830년 이래로 언어에 기반한 정치적 갈등으로 사망한 사람은 거의 없다. 분쟁은 평화 시위, 공개 토론, 협상, 입법을 통해 해결한다. 이렇게 도출된 해법이 아주 멋있지는 않더라도 효과적이기는 하다. 자주 사용되는 전술은 양쪽 언어를 전혀 사용하지 않는 것이다. 그래서 브뤼셀 지하철 역사에서 흘러나오는 음악은 그 누구도 기분이 상하지 않도록 기악곡이거나 영어 노래이다.

벨기에의 노사관계에서도 타협이 힘을 발휘한다. 임금 수준을 결정할 때 정부의 중재로 사용자 측과 노동자 측이 정기적으로 회의를 한다. 이런 관계가 수립된 데는 특별한 역사적 배경이 있다. 제2차 세계대전 당시 점령당한 벨기에에서는 노사가 전통적인 대립 관계에서 벗어나 생산 기반을 파괴하고 벨기에 노동자가 독일로 강제 징용되는 것을 막았다. 1944년 8월 해방되기 직전에 노동조합과 사용자 측은 '사회적 연대'

협정을 맺었다. 이것이 제도화되어 오늘날 벨기에의 산업 관계를 형성하는 대화 프로세스를 탄생시켰다. 노동조합에 가입한 벨기에 노동자 수는 전체 노동자의 약 60%이다.

관용

벨기에식 타협은 어렵게 얻은 관용이라는 특성에 기반한다. 벨기에에서의 관용은 아마도 그 반대의 경우가 너무 많았던 과거에 대한 반응일 것이다.

섹스와 죽음에 대한 태도는 이를 잘 보여준다. 벨기에인 대부분은 신체와 신체 기능에 그다지 놀라지 않는다. 성매매가 공개적으로 이루어지지만, 사실 윤락업소 운영은 불법이다. 섹스에 관한 농담은 1995년 영화 〈벨기에인의 성생활〉에서 나오는 것처럼 자조적이다. 벨기에는 네덜란드에 이어 세계에서 두 번째로 안락사를 합법화한 국가이다. 그리고 대마초를 판매하거나 소지하는 것은 불법이지만, 자신이 사용할 목적으로 최대 3g까지 소지하는 것은 합법이다.

다른 여러 유럽 국가처럼 벨기에인도 과거보다 결혼이 늦어지고 이혼이 늘었다. 그리고 결혼 전 또는 결혼은 하지 않고 동거하는 커플도 많아졌다. 이혼 수용도가 높고 이혼하기도 상당히 쉽지만, 그렇다고 이혼을 가볍게 여기지는 않는다(어쨌든 타협의 실패를 상징하기 때문). 그리고 예상할 수 있겠지만 교회를 다니는 사람은 다른 사람에 비해 이혼율이 낮다. 그렇다고 하더라도 벨기에의 이혼율은 EU 국가 중 라트비아와 리투아니아를 이어 세 번째로 높다.

동성애도 공식적으로 받아들여지고 있으며, 동성 커플도 이성 커플처럼 시민 결합을 통해 관계를 공식화할 수 있다. 그러면 이혼이나 사별 시 재산 처분 등 결혼한 부부와 비슷한 권리와 의무를 지게 된다. 벨기에는 2003년에 유럽에서 네덜란드 다음으로 두 번째로 동성 결혼을 합법화했다. 성 소수자에 대한 차별은 법으로 금지되며, 2006년부터는 동성 커플의 입양이 합법화되었다. 게이 남성의 성관계 동의 연령은 법으로 16세로 정해져 있다.

관용의 부작용

그러나 1996년의 충격적인 소아성범죄자 스캔들(42페이지 참조)처럼 관용은 때때로 부작용을 불러일으킨다. 뒤트루 사건을 제대로 처리하지 않는 것에 항의하는 집회는 무능하고 무책임한 사법 체계에 대한 전반적인 불만을 표하는 것으로 확대되었다.

조직적인 인종차별도 새롭게 나타난 충격적인 경향이다. 2004년에 VB당은 이슬람교도 소녀가 학교에서 히잡(머리를 가리는 스카프)을 착용하는 것을 금지해야 하는가라는 민감한 주제를 이용하여 이슬람교(벨기에에서 두 번째로 큰 종교)에 대한 편견을 조장했다. 2018년에는 당시 빈곤 감소를 담당하는 연방 장관이었던 N-VA의 주할 드미르가 학교에서의 히잡 착용에 반대했다. 그리고 예상치 못하게 벨기에의 로마 가톨릭교회로부터 비판받았다.

가톨릭의 유산

벨기에에는 공식 종교가 없지만, 교회는 여전히 정치, 비즈니스, 가톨릭 대학에서의 지식 활동에 강한 영향을 미치고 있다.

가톨릭 전통이 현대 벨기에의 관습을 형성한 것은 분명하다. 그러나 벨기에 교회가 상대적으로 보수적이라고 해도, 로마 가톨릭교회의 영향과 관행은 점점 변하고 있다. 그리고 대부분 벨기에인에게 종교는 삶의 규칙이나 지침이라기보다는 도덕적이고 문화적인 환경이다. 여전히 많은 사람이 자신을 가톨릭 교인이라고 하지만, 실제로 정기적으로 미사에 참석하는 사람은 12%가 채 되지 않는다. 그러나 벨기에 어린이 대부분이 세례를 받고 첫 번째 성찬식에 참여한다.

다문화 사회

벨기에는 언제나 다문화 사회였다. 오랜 역사 동안 벨기에 영토에는 다양한 민족이 살았다. 영토 내에서의 이주는 물론 이민도 있었다. 19세기에 벨기에라는 국가가 수립되자, 곧 빈곤한 플랑드르 지역에서 산업화로 떠오르는 왈롱 지역으로 사람들이 모여들었다. 제2차 세계대전 중에 석탄 생산량이 급감하자, 고용주 연합은 7만 7,000명의 이탈리아 노동자를 에노와 림뷔르흐 탄광 지역에 고용했다.

벨기에 인구 구성은 스페인, 포르투갈, 모로코, 튀르키예, 알제리, 자이르(콩고민주공화국의 옛 이름-옮긴이)에서 온 이민자들로 인해 더욱 복잡해졌다. 1999년에는 인구 중 외국 출신이 8.7%였다. 이 수치는 브뤼셀의 경우 거의 30%까지 높아졌는데, 스페인과 포르투갈 공동체가 상당히 크고 EU 및 국제기구에 근무하는 외국인이 많기 때문이다.

2020년에는 인구 중 거의 50만 명이 프랑스, 이탈리아, 네덜란드 출신이었으며, 브뤼셀 거주 인구 중 71%가 외국 출신이었다. 평균적으로 28%는 유럽 국가, 43%는 EU 외 지역 출신으로, 특히 비유럽 국가 출신 중에서는 튀르키예와 마그레브(리비아·튀니지·알제리·모로코 등 아프리카 북서부 일대의 총칭-옮긴이) 출신의 비율이 24%로 가장 높았다.

특히 플랑드르 지역의 도시에서는 서로 다른 국가 출신 공동체가 공존하기는 하지만 함께 어울리지는 않는다. 마치 벨기에의 언어권처럼 말이다. 브뤼셀에서조차 소수 민족은 바테

르말-보스포르데(소수 민족 비율 43%)나 생조스텐노드(90%) 등 특정한 지역에 모여 산다. 헨트는 예외이다. 헨트에서는 이민자의 사회 통합이 상당히 잘 이루어졌다. 헨트의 이민자들은 가게나 소규모 기업을 운영하면서 '표준' 네덜란드어를 구사하며 살아간다.

사실 가벼운 인종차별은 상당히 흔하다. 이것을 일반화하기는 어렵지만, 벨기에를 방문하는 사람이라면 비유럽 국가 이민자를 대하는 태도가 서유럽 국가 출신을 대하는 것과 다르다는 점을 곧 알게 된다. 중앙아프리카, 특히 콩고 출신은 백인과 완전히 동등하지는 않지만, 어느 정도는 가족이라고 여긴다. 과거로 인해 갖는 책임감이 있기 때문이다. 북아프리카와 튀르키예 출신은 2~3세대라고 해도 훨씬 인종차별을 많이 당한다. 최근 이슬람 인구가 두드러지게 증가하면서, 히잡뿐만 아니라 부르카를 착용하는 여성을 브뤼셀에서도 쉽게 찾아볼 수 있게 되었다. 이로 인해 불편한 상황이 발생하게 되었다. 그러나 긍정적인 면도 있다. 2004년에 벨기에는 처음으로 지역서기관에 소수 민족 출신의 에미르 키르를 임명했다. 튀르키예 이민자의 아들인 에미르 키르는 이후 2012년에 튀르키예 출신으로는 최초로 브뤼셀의 프랑스어 공동체(생조스텐노드)의 시장이 되었다.

남성과 여성

공식적으로 여성의 평등이 보장되는 벨기에이지만, 완전한 투표권과 피선거권을 얻은 것은 1948년이었으며, 여전히 고위 공직에 진출한 여성의 수는 손에 꼽을 정도이다. 이렇게 된 데는 벨기에의 가톨릭 전통의 책임이 크다. 1990년이 되어서야 이상한 상황을 연출한 끝에 낙태가 합법화되었다. 당시 독실한 (그리고 자식이 없던) 국왕 보두앵 1세는 낙태법을 비준하는 것을 피하려고 스스로 하루 동안 '통치 불능' 상태를 선언했다.

여성 고용률은 다른 서유럽 국가와 비교하면 높은 편이다 (플랑드르 66.8%, 브뤼셀 51.8%, 왈롱 56.1%). 벨기에 정부는 성평등을 중시하고 성차별에 반대하며, 훌륭한 출산휴가 제도를 운용하여 동등한 노동의 기회를 제공한다. 2021년에는 출산휴가 대상이 아빠로 확대되었고, 처음에는 15주였던 출산휴가는 기간이 15일 더 늘어났다. 1980년대에 벨기에 남성은 근무 시간 유연화가 유럽의회에서 통과되도록 로비하는 데 앞장섰다. 현재 벨기에는 남녀 임금 격차가 5.8%로, 유럽 국가 중 네 번째로 평등한 나라로 손꼽힌다.

법적으로도 사회적으로도 남성과 여성이 점점 평등해지면서 벨기에 남성은 이전에 여성이 하던 가사 노동을 점점 많이 분담하고 있다. 그렇지만 대도시에서 멀어질수록 보수적인 성향이 강해지는 것도 사실이다.

외국인을 대하는 태도

벨기에인이 네덜란드인, 프랑스인, 독일인을 대하는 태도는 이들 이웃 국가 사람들이 벨기에인을 대하는 것보다 훨씬 관용적이다. 플랑드르 사람들은 네덜란드인이 개인적으로 자기주장이 너무 강하고 솔직해서 조금 무섭다고 느낀다. 그리고 정부에 너무 순종적이라고 생각한다. 그런데 이상하게도 프랑스는 휴가지로 즐겨 찾을 만큼 좋아한다. 실제로 벨기에인 대다수가 프랑스를 휴가지로 첫손에 꼽는다.

영국도 인기 있는 휴가지이지만 브렉시트 이후에는 영국으로 휴가 가기가 다소 복잡해졌다. 왈롱보다는 플랑드르 사람이 영국을 더 많이 방문하는 편이다. 한 관광회사의 조사에 따르면 '영국식 유별남'이 매력이라고 한다.

많은 미국 시민이 벨기에, 특히 브뤼셀에 거주하며 일하고, 그보다 더 많은 수가 관광 목적으로 벨기에를 방문한다. 나이가 지긋한 벨기에인은 여전히 벨기에에 있는 미군 참전용사 묘지에 방문하여 제2차 세계대전 당시 미군의 역할을 기린다.

EU를 대하는 태도

EU 기관이 주로는 브뤼셀과 인근 지역, 그 외 지역까지 있는 것에 관한 반응은 상반된다. EU 기관의 유치로 국제성이 높아졌지만, 벨기에가 이번에는 높은 연봉의 EU 공무원 천지가 되었다는 불만도 있다. 그래서 벨기에인과 처음 만났을 때 약간 무뚝뚝함을 느낄 수 있다. 물리적으로 압도적인 EU 건물을 보고 국가적 자부심을 느끼는지, 아니면 이를 최신식 침략으로 보는지 잘 구분하기 어려울 때가 있다. 대부분 사람은 EU 기관의 문 앞에 있어도 그 기관이 실제 어떻게 업무를 하는지 잘 모르는 경우가 많다. 또한 EU 회의주의자도 드물어서 소국인 벨기에가 EU의 설립 회원국이라는 데 얼마간의 자부심도 느낀다. 기르트 반 이스텐달에 따르면 벨기에가 자국의 다양성을 최소한의 갈등으로 관리한 방식이 유럽 전체의 모델이 될 수 있었을 것이라 한다. 그렇지만 2017년에 EU 확대를 놓고 벌인 여론 조사에서 응답자 59%가 반대 의견을 내놓았다.

유머: 간절한 상황이지만 심각하지는 않은

사람들이 수많은 벨기에식 위트, 예술, 삶에 녹아든 초현실주의를 난생처음 접하는 모습을 보는 것은 언제나 즐겁다. 벨기에인의 삶의 모든 측면을 거칠게 풍자하는 것에 바탕을 둔 유머를 보여주는 벨기에 코미디언 그룹 Les Snuls의 TV 프로그램을 보는 것이 대표적이다. 초현실주의는 예술사조의 하나로 벨기에에서 시작된 것은 아니다. 그러나 벨기에에서 탄생했다고 생각하는 것도 무리는 아니다. 그만큼 벨기에 문화에 많이 반영되었기 때문이다. TV와 영화 광고도 방향을 틀어 초현실주의로 나갈 정도이다. 르네 마그리트(1898~1967년)가 벨기에 초현실주의를 설명하는 가장 유명한 인물이지만, 16세기의 히에

로니무스 보스는 초현실주의로 부를 수밖에 없는 종말론적이면서도 코믹한 그림을 그렸다. 오늘날 벨기에 예술가의 작품과 필립 그뤽의 〈고양이〉 같은 만화에서 초현실주의적 위트가 강하게 나타난다. 그리고 수많은 전 세계의 유명인사들에게 커스터드 파이를 던지는 것으로 악명 높은 노엘 고딘이 던진 파이

브뤼셀의 한 주택에 그려진 트롱프뢰유(입체 화법-옮긴이) 벽화

를 맞는 일은 이제 하나의 명예로운 일이 되었을 정도이다.

정치적 초현실주의로서 파이를 던지는 일은 벨기에인의 권위와 규칙, 규율에 관한 뿌리 깊은 회의주의의 긍정적인 면을 보여준다. 만화, 카툰, 농담에도 강한 무정부주의 색채가 나타난다. 고전적인 벨기에 만화에서 슈퍼 히어로가 등장하는 일은 거의 없다. 오히려 평범한 약점이 있는 평범한 사람이 이상하고 신기한 모험을 통해 자신을 웃음거리로 만드는 내용을 많이 볼 수 있을 것이다(168페이지의 만화 내용 참조). 시각적, 물리적 유머가 많으며, 말로 하는 것보다 더 보편적으로 이해하기 쉽다. 그렇지만 말장난과 언어적 창의성에 바탕을 둔 유머도 많다. 공식 언어가 세 개나 되고 현재까지 사용되는 방언이 다양하다는 점을 고려하면 그리 놀랄 만한 일도 아니다. 언어의 세계를 탐구하는 일은 프랑스어와 플라망어 문학에서 공통으로 나타나는 특징이다.

이보다 수준이 낮은 유머에서는 다른 사람을 웃음의 희생양으로 삼는 경우가 많다. 플랑드르의 TV 프로그램 중에는 안트베르펜, 림뷔르흐, 서플랑드르 사람이 나와 쾌활하게 서로를 놀리는 농담으로만 구성된 것도 있다. 그렇지만 외국인이 벨기에인을 희화화하는 농담까지 기꺼이 좋아하는 것은 아니다. 그러니 저속한 농담을 던지더라도 때와 장소를 가려야 하고, 지나치다고 생각할 정도로 조심하는 게 좋다.

그렇다면 민족 정체성이라는 게 있는가?

벨기에에 민족 정체성이 거의 없다고 말하는 사람은 대개 벨기에에는 쉽게 알아볼 만한 상징(튤립, 풍차, 알프스, 뻐꾸기시계 등)이 없다는 점을 지적한다. 민족 정체성에 상징이 꼭 필요하다면, 벨기에에는 적어도 두 개의 상징이 있다. 바로 초콜릿과 맥주이다. 그리고 땡땡, 스머프, 메그레 경감, 푸아로, 마그리트의 작품 등 수많은 문학 및 예술적 상징이 있다. 벨기에 전체를 대표하는 더 중요한 상징은 바로 왕실과 과거(위대한 사이클 선수 에디 먹스)와 현재의 벨기에 스포츠 스타들이다. 일류 테니스 선수인 쥐스틴 에냉 아르덴(왈롱)과 킴 클리지스터(플랑드르)는 벨기에식 국민 통합을 대표하는 상징이다. 두 사람 다 전 세계에서 벨기에를 대표하며 서로 좋은 친구이고, 각자의 언어 공동체에 충실하다.

결론적으로 말하면 다양성 그 자체가 벨기에인의 가장 진실한 모습일 것이다. 지금까지 살펴본 것처럼 벨기에에는 대체로 부정적이라고 하더라도(프랑스도 아니고 네덜란드도 아님) 어느 정도의 민족적 공감대가 있다. 그러나 많은 벨기에인은 '벨기에인'이라는 하나의 정체성만으로는 만족하지 않는다. 플랑드르인, 왈롱인, 독일어 사용자, 브뤼셀인, 또는 '새로운' (최근에 귀화한) 벨기에인이라는 정체성도 있다. 사실 대다수가 이보다 더 작은 단위, 즉 출신 도시나 주로 정체성을 밝히고, 안트베르펜인, 리에주인, 림뷔르흐인 등으로 우선 칭할 때가 많다. 실용적이고 이데올로기적이지 않은 벨기에인은 벨기에가 살기 좋은 곳이라 좋아하지만, 기본 정체성을 출신 지역, 주, 도시 등으로 삼으며, 그곳에서 한평생을 보내는 사람도 많다.

그리고 벨기에의 민족성이 있을까? 적어도 두 가지가 있다. 앞서도 말했지만, 벨기에인을 정의할 때 프랑스인 같지 않다(덜 우아하고 좀 더 실용적/경험적임)거나 네덜란드인 같지 않다(자기주장이 덜하고 칼뱅주의적이지 않음)는 식으로 이야기할 수 있다. 그렇지만, 자조적인 모습과 안락한 삶을 좋아하는 모습, 적응력, 권위주의에 대한 거부, 단조로운 겉모습 이면의 전복성과 유별남, 이혼 직전의 상황이면서 끝끝내 갈라서지 않는 두 언어 공동체를 어떻게 한마디로 설명할 수 있을까? 벨지튜드(벨기에인 특유의 성격-옮긴이)라는 모순의 앙상블은 국가에 대한 고정관념이 신뢰할 수 없는 척도라는 점을 보여주는 듯하다. 이는 벨기에인 대부분이 좋아할 만한 결론이 아닐까 한다.

풍습과 전통

벨기에 사람들은 기념일을 매우 중요하게 생각한다. 연간 달력이 각종 축제와 지역 전통문화 행사로 빼곡하다. 내성적인 면모는 잠시 내려두고, 좋은 것과 재미있는 일을 마음껏 즐기는 모습이 전면으로 나타나는 축제 기간에는 벨기에인의 무정부주의적인 성향이 겉으로 드러난다.

벨기에 사람들은 기념일을 매우 중요하게 생각한다. 연간 달력이 각종 축제와 지역 전통문화 행사로 빼곡하다. 지역의 수호성인 축일(뒤카스 또는 케르메세)부터 바다의 축복, 마르디 그라(참회의 화요일이라고도 함-옮긴이), 군사적 기념일, 참회 행렬, 학생들의 가장행렬 등 끊임없이 이어지는 화려한 축제와 민속 행사는 벨기에의 가장 느긋하면서도 기이한 면모를 동시에 보여준다. 많은 전통 축일은 중세 시대 이후 거의 그대로 유지되고 있다. 다른 축제는 전설적인, 혹은 역사적인 사건을 반영하며 기원전에 유래했음이 잘 드러날 때가 많다. 또한 비교적 최근에 생겨난 것도 있으며 순전히 관광객을 대상으로 하는 것도 있다. 그렇지만 어느 축제에 참여하든 그로테스크하면서도 떠들썩한 축제 전통을 즐길 수 있다. 특히 사육제의 경우, 권위가 있는 인물을 놀림감으로 삼거나 정치인이나 공인을 풍자하는 모습을 흔히 보게 될 것이다.

내성적인 면모는 잠시 내려두고, 좋은 것과 재미있는 일을 마음껏 즐기는 모습이 전면으로 나타나는 축제 기간에는 벨기에인의 무정부주의적인 성향이 겉으로 드러난다.

공휴일

벨기에 전국에 적용되는 공휴일은 12개가 있다. 학교, 은행, 정부 기관, 박물관, 대부분의 기업이 공휴일에 쉬지만, 영화관과 식당은 문을 연다. 공휴일이 일요일에 해당할 때는 그다음 날을 공휴일로 한다.

1월 1일	새해 / 프랑스어 : Le Jour de l'An 또는 Nouvel An / 네덜란드어 : Nieuwjaar
3월/4월	부활절 월요일 / Pâques / Paasmaandag
5월 1일	노동절 / Fête du Travail / Feest van de Arbeid
5월 초	예수승천일 / L'Ascension / Hemelvaart
부활절 다음 월요일	성령 강림절 월요일 / Le lundi de Pentecôte / Pinkstermaandag
7월 21일	독립기념일 / Fête Nationale / Nationale Feestdag
8월 15일	성모승천일 / L'Assomption / OLV Hemelvaart
11월 1일	만성절 / La Toussaint / Allerheiligen
11월 11일	휴전기념일 / L'Armistice / Wapenstilstand
12월 25일	크리스마스 / Noël / Kerstmis 또는 Kerstdag

이외에도 지역별 공휴일도 많다. 11월 15일 왕의 날에는 정부 기관과 은행이 문을 닫는다. 관광 정보 서비스를 참조하는 것이 좋다.

축제로 가득한 달력

벨기에의 가장 중요한 축제를 몇 가지 살펴보자.

【 1월 6일: 주현절 】

이날은 동방박사를 기리는 날이다. 플랑드르 지역에서는 아이들이 동방박사 분장을 하고 집마다 돌아다니며 전통 노래를 부르고 사탕, 과일, 돈 등을 받는다. 아이들은 물품을 받으면 분필로 연도 수와 동방박사(카스파, 멜키오르, 발타자르)의 이니셜을 현관문 앞에 쓰고 그해에 행운이 가득하기를 기원한다. 사탕이나 작은 도자기 인형으로 장식된 주현절 케이크를 판매한다. 축제 분위기는 전통 음식을 함께 먹는 '잃어버린 월요일(주현절 다음 월요일-옮긴이)'까지 이어진다.

【2월~4월】

이 시기의 가장 큰 축제는 사육제로, 마르디 그라 동안 벌어진다. 축제 기간에는 전통 의상을 입고 가장행렬을 진행하는데, 이때 많은 것을 던진다. 뱅슈 지방 사육제의 백미는 질(광대 옷을 입은 사람 또는 인형-옮긴이)의 행렬이다. 이 마을에서 태어난 남성만이 어깨 패드가 있는 의상을 입고 마스크, 타조 깃털로 만든 모자를 쓰며, 목재 나막신을 신고 드럼 소리에 맞춰 마을을 돌아다닌다. 이때 막대기 다발을 들고 흔들며 악귀가 가까이 오지 못하게 하면서 구경꾼에게는 오렌지를 던진다. 이 오렌지는 풍작을 비는 축복의 의미를 담고 있으니 절대 다시 던져주지 않도록 한다.

알스트에서는 사육제가 3일간 지속되는데, 재의 수요일(사순절 첫날-옮긴이) 전 일요일에 시작한다. 거인 행렬, 양파 던지기 Ajuinenworp(요즘은 양파 모형을 던진다), 남성이 드레스를 입고 여성은 가짜 수염을 달고 활기차게 돌아다니며 구경꾼을 모욕하는 일명 '더러운 제인 Voil Jeannetten' 등이 유명하다. 구경꾼의 참여도 이 축제에서는 빼놓을 수 없는 요소이다!

오스텐트에서는 천 개의 램프 행렬과 죽은 쥐의 무도회라고 불리는 화려한 드레스 무도회가 열리는 것이 특징이다. 사순절 중반부에 여러 지방에서 열리는 축제로는 스타블로의 블랑무시가 있는데, 이 축제 때는 흰색 후드 망토를 두르고 붉은색의 긴 코를 단 남성이 거리를 돌아다니며 구경꾼들을 꽃가루, 말린 정어, 말린 돼지 방광 등으로 공격한다. 부활절에는 의상을 잘 차려입고 행진하며 축제의 열기가 새롭게 시작된다.

【5월】

5월 1일, 또는 5월 중에 일부 도시에서는 부활의 의미로 5월나무를 심는다. 또한 5월 1일은 은방울꽃을 우정의 징표로 선물하는 전통적인 봄 의식인 오월제가 열리는 날이기도 하다.

브뤼주에서는 예수 승천일에 성혈의 행렬이 열리는데, 유럽에서 열리는 대규모 종교 가장행렬 중 하나이다. 1149년에 플랑드르 백작이 십자군 전쟁에서 돌아올 때 브뤼주로 가져온 예수의 피로 만들어진 성유물과 함께 정교한 가장행렬이 도시를 순회한다.

기독교 색채가 덜한 축제는 5월의 두 번째 일요일에 이프르에서 열리는 고양이 축제이다. 마녀의 사역수로 알려진 고양이는 악마의 화신으로 여겨진다. 12세기부터 대략 600년간 이날에 살아 있는 고양이가 직물회관의 종탑 밖으로 던져졌다. 이

서플랑드르 이프르에서 열리는 카텐스투트의 장식 수레

행사가 1930년대에 부활했는데, 이제는 더 인간적인 방식으로 고양이 대신 장난감을 이용한다. 3년마다 열리는 이 축제는 거대한 고양이 퍼레이드인 카텐스투트로 정점을 찍는다.

부활절 후 57일째에 열리는 삼위일체 대축일에는 몽스의 축제(지역에서는 le Doudou라고 부름)가 열린다. 이때 시끌벅적하게 연출한 성 조지와 용의 전투를 공연한다.

몽스의 축제에서 용이 긴 꼬리로 성 조지와 군중을 공격하는 모습

【 6월~8월 】

6월 18일은 워털루 전투를 기념하는 날이다. 5년마다 이 전투를 재현하는 행사가 열린다.

많은 해변 도시에서는 6월에 바다의 축복 연례 행사를 개최한다.

7월 11일은 벨기에 플라망어 공동체의 날로, 플랑드르 민병대가 프랑스 왕실 군대와 싸워 돌려보낸 1302년 황금 박차 전투를 기념한다.

7월 21일은 벨기에 독립기념일로, 브뤼셀 왕궁 앞에서는 군 퍼레이드가 열리고 전국적으로 불꽃놀이를 하면서 이날을 기념한다. 독립기념일은 공휴일이지만, 독립기념일 전후로 10일간 불꽃놀이와 야외 음악 및 거리 연극 공연, 축제 마당, 시장이 열리는 헨트 축제와 같은 더 그림 같은 축제의 그림자에 늘 가려진다.

7월 초는 브뤼셀에서 오메강(민정 시찰)이 열리는 시기이다. 오메강은 1549년에 카를 5세를 기리면서 열렸던 행렬을 재현하는 행사이지만, 그 기원은 14세기 종교 행렬로 거슬러 올라갈 수 있다. 현대에는 그랑 사블롱에서 그랑 플라스까지 행렬이 진행되며, 중세 시대 의상을 입은 참가자와 거인, 죽마를 타고 전투를

브뤼셀 오메강에 참여한 두 명의 창병

벌이는 모습 등이 표현된다. 행렬의 클라이맥스는 그랑 플라스에서 열리는 전통 댄스이다. 피날레를 구경하려면 일찌감치 표를 구해야 한다.

8월 말은 민속 문화와 역사적 기념일이 많은 시기이다. 아트에서 열리는 뒤카스는 거인이 나오는 가장행렬인데, 여기서는 결혼식이 열린다. 그리고 5년마다 브뤼주에서는 황금 사과 행렬을 열어 부르고뉴 공작의 통치를 기념한다. 8월 15일은 성모승천일로, 성모 마리아가 천국으로 온전히 승천한 것을 기념하는 날이며, 공휴일이다.

【9월~12월】

투르네에서는 9월 8일에 가장 가까운 일요일에 거리에서 성 엘뢰테르의 성유물로 대규모 가장행렬을 진행한다. 이 행사는 1092년에 주교 라드봇 2세가 도시를 전염병에서 구제한 것에 대해 성모 마리아에게 감사하는 의미에서 매년 행렬을 개최하겠다고 약속한 이래로 매년 진행되고 있다.

많은 관광안내책자에서 설명하는 죽마 전투 중 최고의 전투는 나뮈르에서 열리는 황금 죽마 전투에서 볼 수 있다. 여기서는 중세 시대 복장을 한 죽마 곡예사가 두 팀으로 나뉘어

창 시합을 벌인다. 이 행사는 왈롱 축제의 하나로 9월의 세 번째 일요일에 열린다.

벨기에의 루르드(프랑스에 위치한 성모 발현지)라 불리며 가장 방문객이 많은 순례 장소인 스헤르펀회벌지헴으로 가는 촛불 순례는 매년 만성절 다음 일요일에 열린다. 전설에 따르면 14세기에 참나무에서 기적의 성모 마리아상이 발견(매우 오래된 이교

알스트 인근 헤르더셈에서 열리는 성 안토니오 퍼레이드에 참가한 왕립 죽마 곡예단

도식 찬양을 떠올리게 하는 이미지)되었고, 현재는 스헤르펀회벌지헴에 있는 바로크 양식의 바실리카에 모셔져 있다. 이 순례의 인기는 플랑드르에서 가톨릭교회의 힘을 잘 보여준다.

좀 더 세속적인 축제를 보면, 브뤼셀 자유대학교ULB/VUB 학생들은 브뤼셀의 비가톨릭 대학 설립자인 '성' 테오도르 베르하에겐을 기념하는 행사를 11월에 연다. 학생들은 여기저기 돌아다니며 자선단체에 기부할 돈을 요구하는데, 이때 거절하는 사람에게는 달걀과 밀가루를 던진다. 또한 프랑스어 공동체 휴일은 9월 27일, 휴전기념일은 11월 11일, 왕의 날과 독일어 공동체의 날은 11월 15일이다.

'평범한' 축제

앞서 설명한 전통 및 민속 행사는 음식 축제, 예술 축제(6장 참조), 무엇이든 파티를 열 만한 기념일로 빼곡하다. 그렇지만 이렇게 빽빽한 축제 일정에도 벨기에인은 크리스마스, 새해, 부활절, 여러 가족 행사를 챙길 시간을 남겨둔다.

【크리스마스】

12월 초부터 크리스마스 마켓이 도시 광장에 들어서고, 교회와 박물관에는 예수의 탄생을 그린 아기 침대가 전시된다. 어떤 곳에서는 예수의 탄생을 재현하는 장면에 실제 가축을 활용하기도 한다. 아이들에게 선물을 주는 날은 크리스마스 날이 아닌 성 니콜라스 축일인 12월 6일이다. 전통적으로 주는 선물에는 만다린, 초콜릿, 성 니콜라 모양의 스페퀼로스(황설탕, 시나몬, 정향 등의 향신료를 가미한 쿠키) 등이 있다.

그러나 모든 규칙에 예외가 없다면 벨기에가 아니다. 헨트 북동부에 있는 바슬란트에서는 성 마르틴이 성 니콜라스 역할을 하며, 11월 11일이 축일이다.

크리스마스이브와 크리스마스 당일에는 모든 가게가 문을 닫는다. 크리스마스이브는 그야말로 가족 행사이다. 가족은 저녁을 함께 먹고 자주 교회에 가는 편이 아니라 해도 자정 미사에 참여한다. 크리스마스 당일도 가족적인 분위기가 지배적이며 상당히 조용한 편이다. 오전 미사에 참여할 수도 있으며, 미사가 끝나면 가족끼리 모여 선물을 교환(어린이들은 더 많이 받기도 한다)하고, 거위나 칠면조, 소시지, 크리스마스 장작 모양 케이크 등을 곁들인 크리스마스 저녁 식사를 한다.

2년에 한 번 열리는 플라워 카펫 페스티벌 기간의 브뤼셀 그랑 플라스(마르크트 광장).
이 축제에서 전국에서 모인 자원봉사자가 베고니아 무늬의 거대한 태피스트리를 엮는다.

【새해】

새해 전날(프랑스어로 Réveillon de Nouvel An, 네덜란드어로 Oudejaarsavond. 플랑드르에서 가는 해에 작별을 고하고 오는 해를 환영한다는 의미의 말)에는… 더 많이 먹는다! 이때는 가족보다는 친구들과 함께 식사하고, 저녁 식사가 다음 날 새벽까지 이어지는 등, 크리스마스보다 음식이 더 많고 화려하다. 가는 해는 샴페인과 불꽃놀이로 작별 인사를 한다. 그리고 안트베르펜에서는 항구에 정박한 모든 배가 자정에 경적을 울린다. 새해 첫날 전통으로는 아이들이 자신의 새해 다짐을 써서 조부모나 대부모 앞에서 읽고 새해 선물을 받는 것이 있다. 이 작은 기념행사를 마무리하는 것은 전통적으로 하트 모양의 향신료가 가미된 빵이다.

연휴 기간에는 크리스마스 카드와 연하장을 주고받는다. 벨기에인 동료나 친구에게 카드를 받았다면, 1월 15일이 되기 전에 답장을 하는 것이 좋다.

【부활절】

벨기에에는 부활절 달걀에 관해 아이들에게 들려주는 매력적인 이야기가 있다. 전설에 따르면 성금요일에 예수가 죽을 때, 모든 교회의 종이 종탑에서 떨어져 나와 로마까지 날아왔다.

거기서 종들은 교황에게서 부활절 달걀을 받아서 집으로 돌아갔다. 부활절날 아침에 자기 나라의 하늘 위를 날아서 원래 있던 종탑으로 돌아가는데, 그 길에 사람들의 정원에 부활절 달걀과 초콜릿 종을 떨어뜨려 아이들이 찾을 수 있게 했다. 달걀이 왜 깨지지 않았을까? 기적이 일어났기 때문이다.

【 만우절 】

벨기에에서 만우절은 유쾌하고 교묘한 방식으로 기념한다. 일단 신문이나 TV에서 하는 말을 다 믿지 않는 것이 좋다. 그리고 등 뒤에 종이 물고기가 꽂혀 있지 않은지 주의하자.

【 만성절과 위령일 】

핼러윈은 벨기에의 전통이 아니지만, 영국과 미국의 영향으로 잭오랜턴, 마녀, 유령 등을 특히 가게에서 쉽게 볼 수 있다. 만성절에는 더 많은 행사가 있다. 이날 사람들은 사망한 친지의 묘소에 국화와 양초를 바치고, 죽은 자들의 날인 11월 2일에는 연옥에서 영혼을 구하기 위해 영혼 케이크를 먹는다.

결혼, 기타 통과의례

벨기에인은 보통 자신에게 적합한 파트너를 찾아 정착하기까지 시간을 많이 갖는 편이다. 2018년 평균 초혼 연령은 남성이 33.7세, 여성이 31.4세였다. 2020년 초의 혼인 건수는 전년 대비 9% 상승했지만, 전체적으로 보면 혼인율은 26% 감소했다. 2020년 통계에 따르면 인구 중 결혼하지 않은 사람이 56%를 넘고, 결혼한 사람은 41%였다.

결혼식은 성혼 선언이 이루어지는 시청에서 주민등록의 책임이 있는 시장이나 부시장의 참석하에 올린다. 결혼식에 증인의 참석 여부는 선택 사항이다. 식이 끝나면 신혼부부는 결혼 증명서와 함께 태어날 아이나 종교적인 결혼식 세부 사항을 기록할 수 있는 책자를 받는다. 벨기에에서는 시청에서 하는 결혼식만 법적으로 인정되며, 반드시 등기소에서 해야 한다. 그다음에 종교적이거나 세속적인 결혼식을 올리는 경우가 많다. 현재 벨기에에서 치러지는 결혼식의 절반 정도가 교회에서 열린다.

보통 결혼식 당일을 결혼식, 오후의 피로연, 저녁의 대규모 파티 등 세 부분으로 나눌 수 있다. 하객은 특정 부분에만 초대를 받을 수 있다. 많은 사람이 성에서 파티를 여는데, 벨기에에는 식당이 완비된 성이 많다. 문제라면 예약이 가능한 날을 찾는 것이다.

결혼식에 초대받았다면 청첩장에는 교회 예식(시청 결혼식은 가족만 참석)과 이후 진행되는 피로연이나 저녁 식사에 초대받았는지, 아니면 파티에만 참석하면 되는지가 명확하게 표시되어 있다. 그리고 청첩장에 대한 감사 표시는 언제나 편지로 한다. 결혼 선물도 물론 주는데, 대부분 선물 목록이 있어서 그중에서 하나 선택하면 된다. 선물은 결혼식에 가서 전달해도 좋고, 결혼식 전에 신부의 집으로 보내도 된다.

세례식, 첫 번째 성찬식, 생일 축하 같은 기념일에도 비슷한 에티켓이 적용된다. 초대를 받으면 받은 초대장에 준하는 형식을 갖추어 답장을 보내고, 선물도 챙겨 간다. 대부모는 세례식에서 드라제(설탕 코팅이 된 아몬드)를 기념품으로 나눠주어야 한다. 세례식의 축하객은 보통 아기 옷을 선물하는데, 요즘에는 결혼 선물 목록처럼 '세례식 선물 목록'을 작성하는 경우도 늘고 있다.

마지막으로 장례식을 살펴보자. 벨기에식 장례식에는 가톨릭 미사와 묵주 기도가 포함되는 것이 보통이다. 음식이 제공되는 경우가 많으며, 친구와 이웃들도 음식이나 꽃(홀수, 13은 피한다) 등 유가족을 위한 선물을 지참할 수 있다. 벨기에인 대다수가 여전히 종교적 장례식을 선택하지만, 매장 장례도 많이 치른다. 장례식이 끝난 다음에는 보통 가벼운 식사를 하는데, 여기에는 초대받은 경우에만 참석한다.

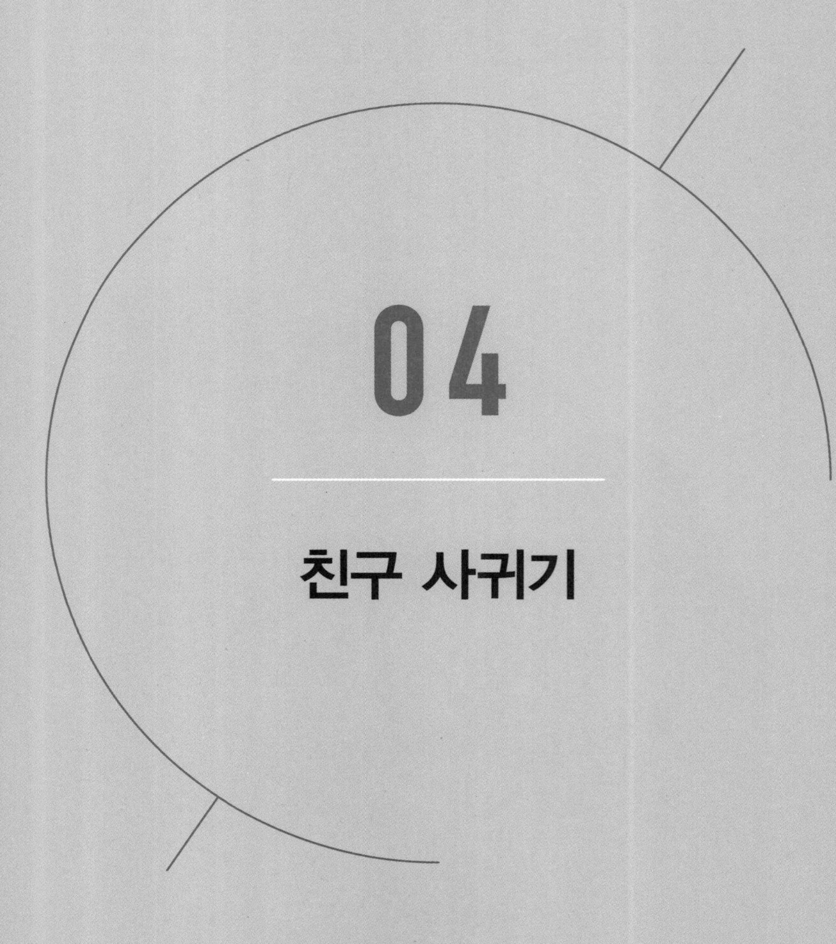

04

친구 사귀기

벨기에인을 '사교적이지만 말수가 적다'고 설명할 수 있다. 북아메리카인 대다수보다 훨씬 말수가 적고, 영국인보다는 그래도 좀 말을 하는 편이다. 그러나 기본적으로 벨기에인이 대체로 친절하고 상냥하며 잘 도와주고, 여러분이 언어를 잘하지 못하더라도 눈치껏 알아들으면서도 야단법석을 떨거나 만난 지 얼마 되지 않았는데도 너무 친한 척하지 않는 편이라고 생각하면, 큰 문제 없을 것이다.

대체로 벨기에인이 외국인을 잘 도와주고 외국인과의 관계에도 열린 마음으로 나서지만, 실제 우정은 자기 공동체 안에서만 적용되는 경우가 많다.

사교적인 측면으로 말하면, 벨기에인을 '사교적이지만 말수가 적다'고 설명할 수 있다. 북아메리카인 대다수보다 훨씬 말수가 적고, 영국인보다는 그래도 좀 말을 하는 편이다. 물론 이렇게 말하는 것이 엄청난 일반화이기는 하다. 그리고 훨씬 격의 없이 친목 관계를 맺는 젊은 세대나 국제적인 벨기에인을 많이 보게 될 것이다. 그러나 기본적으로 벨기에인이 대체로 친절하고 상냥하며 잘 도와주고, 여러분이 언어를 잘하지 못하더라도 눈치껏 알아들으면서도 야단법석을 떨거나 만난 지 얼마 되지 않았는데도 너무 친한 척하지 않는 편이라고 생각하면, 큰 문제 없을 것이다.

특히 작고 인구 밀도가 높은 나라에서는 당연한 일인데, 벨기에에서는 사생활, 그중에서도 집에서의 사생활을 굉장히 중요하게 생각한다. 그리고 이를 가장 잘 지키는 방법은 가족 이외의 대인 관계를 잘 관리하고 즉흥적이 아니라 계획적으로 사회생활을 하는 것이라는 점을 깨달았다. 대부분의 가이드북에서 강조하는 벨기에에서 지켜야 할 에티켓은 벨기에인 지인이나 친구와 사이가 아무리 가깝다고 하더라도 예고 없이 찾아가서는 안 되고 전화로 먼저 연락해야 한다는 점이다.

따라서 벨기에인과의 사교적인 만남은 거의 공공장소에서 갖게 된다. 집은 가정을 위한 공간으로 여기므로, 친구는 거의 다 밖에서 만난다. 누군가의 집으로 초대받았다면(특히 플랑드르에서 그럴 확률이 높음), 실제로는 상당히 격식을 차리는 자리일 수 있다. 또한 친한 친구가 되자는 제스처가 아닐 수 있으며 다른 사람에게 여러분을 공식적으로 소개하여 잘 적응할 수 있게 도와주는 것일 수 있다. 나중에 초대에 감사하는 의미로 식당이나 문화 행사에 초대하면 된다(127페이지 참조).

외국인으로 남지 않는 법

벨기에에서 단기간 일하거나 벨기에로 출장을 온 경우라면 업무 중에 당연히 벨기에인을 만나겠지만, 이런 관계는 적어도 초반에는 대체로 격식을 갖춘다. 벨기에식 삶과 문화에 흠뻑 빠져보고 싶다면, 외국인이 많은 구역에서 머무르려는 유혹을 이겨내는 것이 좋은(그렇지만 대담한) 전략이다. 브뤼셀 외곽 지역

(위클, 월루에생피에르, 또는 터뷰렌)은 편안한 분위기로 영어를 하는 사람에게도 적응하기 쉽다. 그러나 여기는 외국인이 많이 거주하는 곳으로, 이런 지역에 머물면 좀 더 현지 분위기 속에서 벨기에식 삶이 주는 많은 매력을 놓칠 수 있다(짧게 있다 가더라도 말이다). 소도시보다 대도시에 즐길 거리가 많다는 것은 부정할 수 없는 사실이지만, 교외 지역에서 시간을 보내보자. 단순한 주말여행이나 농장으로 짧게 휴가를 다녀오는 것도 좋다(197페이지 참조).

생각하는 체류 기간에 따라 벨기에인처럼 벨기에의 매력을 즐길 방법이 많이 있다. 특별한 식당, 바, 카페에 간다거나 다양한 저녁 수업, 취미 모임에 참여할 수도 있고, 스포츠나 야외 활동을 즐길 수도 있다. 거리 시장에서 그 분위기에 취해볼 수도 있다.

그렇다고 해외에 머물면서 같은 문화를 공유하는 사람들과 모국어로 이야기하며 긴장을 푸는 시간을 절대 갖지 않는 척할 필요는 없다. 벨기에에는 외국인 커뮤니티가 매우 크고 잘 갖춰져 있어서 손쉽게 자기 문화권 사람들과 어울릴 수 있다. 벨기에에서 좀 길게 머무는 경우라면, 국가별 그룹부터 아마추어 연극, 음악, 댄스 그룹 등 수십 개의 영어권 커뮤니티가 있으니 참여해보는 것도 좋다. 이런 그룹에서 영어 실력을 높이려는 벨기에인도 많이 보게 될 것이다. 앞으로 예정된 영어 이벤트를 알아보려면 주간지 〈불레틴〉의 '해프닝'이라는 제목의 칼럼을 보면 된다.

벨기에에서 유학하기

벨기에 대학은 적극적으로 외국인 학생을 유치하고 있으며, 주요 대학(안트베르펜, 브뤼셀, 헨트, 루뱅, 루방 라 뇌브, 몽스, 리에주)에서는 다른 유럽 국가와 교환 학생 프로그램을 운영한다.

마음이 맞는 벨기에인을 찾는 방법 중 대학에 가는 것만큼 좋은 방법도 없다. 에라스뮈스 프로그램은 전 유럽의 대학에 지부를 두고 학생 네트워크를 운영하는데, 여기서는 유학생을 지원하고 학교생활에 적응하도록 여러 가지 친목 도모 및 문화 활동을 진행한다. 모든 벨기에 대학에는 매우 다양한 학생 사회가 있으며, 유학생을 위한 센터와 서비스도 있다.

클럽, 모임 가입 및 수업 듣기

벨기에에서는 관심사나 신념이 같은 세 사람이 한곳에 모이면 사회를 형성한다고들 말한다. 실질적으로 거의 모든 활동에 관한 그룹이 있을 정도이다. 플랑드르만 해도 인구 절반 이상이 한 개 이상의 클럽이나 모임에 가입해 왕성하게 활동한다. 젊은 정규직 직장인이나 어린아이들도 일주일에 몇 번 저녁 시간을 쪼개서 기타, 노래, 연기, 스쿼시나 축구, 외국어 학습, 살사 댄스, 도예 등을 배우거나 정치, 환경, 기타 관심사 그룹에 참가한다. 자신이 사실은 '모임 가입을 즐기는 사람'이라면 친교의 폭을 넓히고 마음이 통하는 벨기에인을 만날 기회는 무수히 많다. 그렇지만 (벨기에인을 만난다는 목적에 부합하지 않는) 외국인 클럽에 가입할 게 아니라면 완전히 모임을 즐길 정도로 프랑스어나 네덜란드어를 잘해야 한다.

【 외국어 수업 】

외국어, 특히 네덜란드어 수업은 역설적으로 벨기에인을 만나기에 좋은 곳이다. 일자리를 구하려면 두 가지 국가 공식 언어를 해야 하므로 학창 시절에 네덜란드어 수업을 듣지 않았던 왈롱 출신들이 네덜란드어 수업을 듣는 경우가 많다. 벨기에 국가 공식 언어가 아닌 다른 외국어를 배우더라도 그 언어를 배우려는 벨기에인과 만날 수 있는 것은 물론이다.

데이트

다른 나라 사람과의 데이트에는 나름의 어려움이 있다. 문화가 다르다 보니 예의범절, 결혼, 가족에 관한 생각도 다르고, 로맨틱하다고 생각하거나 받아들일 수 있다고 여기는 행동도 서로 다르기 때문이다. 벨기에인은 별로 로맨틱하지 않다고 여겨지지만, 그래도 매력이 많다. 보통 두세 개 이상의 언어(프랑스어, 네덜란드어, 영어, 독일어, 이탈리아어)를 할 줄 알기에 언어 장벽은 문제가 되지 않는다. 또한 매너가 좋고 점잖으며, 장기적인 관계를 매우 중시한다.

바나 카페에서 누군가를 만나는 일은 온라인 데이트만큼이나 흔하다. 사실 벨기에에서는 온라인 데이트가 점점 인기를 얻고 있다. 진지한 관계를 추구하는 웹사이트에는 엘리트데이팅, 미틱, 파십 등이 있고, 이보다 가벼운 데이트 사이트에는 틴더, 범블, 바두 등이 있다. 데이트 비용을 나눠 내는 일도 흔하며, 이를 이야기하는 것도 금기시되지 않는다.

카페 문화

모임 활동에 관한 이야기만 들어도 피곤하다면, 그냥 밖에서 시간을 보내며 벨기에인을 만나는 것이 더 나을 수 있다. 그리고 벨기에에서는 카페가 종일 붐비는 모습을 보게 될 것이다. 햇살이 비치는 카페테라스에 앉아서 커피(혹은 더 늦은 시간이라면 맥주)를 마시다 보면 여러 사람과 어울릴 수 있다. 열정적으로 돈 관련 이야기를 하는 정장 차림의 비즈니스맨, 복슬복슬한 소형견을 데리고 나온 부유한 노년 여성, 들떴거나 피곤해하는 관광객부터 이른 저녁에 사무실에서 쏟아져 나오는 젊은 노동자 무리까지 다양한 사람이 오간다. 언제나 명랑한 분위기이지만 전혀 소란스럽지 않고, 밤에는 조용하기까지 하다. 벨기에인의 카페 모임 사랑은 쾌활한 라틴계의 특성이지만, 그렇다고 소리친다거나 크게 웃지 않고, 팔을 과장되게 흔들지도 않는다. 그러니 여러분도 그렇게 하지 않도록 주의하자.

브뤼셀 익셀시 까르띠에 세인트 보니파스의 활달한 거리에 있는 프랑스풍 식당

바에서 다른 사람과 대화를 시작할 자신감이 있는 사람이라면 아침 식사도 제공하는 다양한 베이커리와 바에 가보는 것도 좋다.

밤에는 라이브 음악이 나오는 바가 새벽까지 영업한다. 브뤼셀, 안트베르펜 등의 대도시에는 북적이는 클럽 신도 있다.

환대

전체적으로, 특히 잘 모르는 사람과 관련하여 저녁 파티 같은 사교 행사에서는 벨기에인의 무정부주의적 측면보다는 보수적인 측면이 더 많이 나타난다. 적어도 이런 점을 염두에 두는 것이 좋다. 다른 모습이 보이기 전까지 말이다. 물론, 사람들을 더 잘 알게 되면 상대방과 자신이 더 편안하게 느낄 수 있는 수준을 가늠할 수 있게 된다.

【 저녁 파티 】

벨기에 가정의 저녁 파티에 초대받았다면, 따로 그 파티가 완전히 편한 분위기라는 말을 듣지 않는 이상 매우 격식을 차리는 자리라고 보는 것이 좋다. 초대장을 받으면 초대장과 비슷한 정도로 답장을 보낸다. 그냥 구두로 초대하고 이를 수락한 뒤에 일정 확인용으로 보낸 초대장이라면 답을 보내지 않아도 된다. 특히 이런 경우에는 초대장에 'PM'이라고 표시되어 있다. 'RSVP(네덜란드어로 'VGA')'가 표시되어 있으면 반드시 답장을 보내야 한다. 요즘은 초대와 감사 메모를 메신저 앱인 왓츠앱, 페이스북, 비즈니스 행사라면 이메일 등으로 주고받는다. 옷은 잘 차려입고, (너무 늦거나 너무 일찍 가지 않고) 제시간에 맞춰 도착한다. 주최자에게 주는 작은 선물을 준비하고, 예상한 것보다 오래 머무르지 않도록 한다. 이와 관련해서는 파티 주최자와 손님으로 온 다른 벨기에인의 행동에서 힌트를 얻으면 된다. 저녁 식사 테이블에서 지켜야 할 몇 가지 주의 사항은 다음과 같다(이는 식당에서 식사할 때도 적용된다. 다만 어떤 식당이냐에 따라 얼마나

• 핵심 에티켓 •

- 테이블에 먼저 앉지 말고 주최자가 자리를 권할 때까지 기다린다.
- 음식에 손을 대지 않고 남기는 일은 무례하다고 여겨진다. 무언가 마음에 들지 않은 것이 있음을 나타낼 수도 있다. 파티 주최자에게 음식에 관한 칭찬을 한다(진심을 담아 맛있다고 이야기하는 게 그리 어렵진 않으리라!).
- 식사가 끝났으면 사용한 칼과 포크를 접시 옆에 가지런히 놓는다.
- 건배 제의가 있는 경우 주최자의 신호를 따르면 된다. 다만 다른 사람의 건배사가 이어질 수 있으니 첫 잔을 다 마시지 않도록 한다. 격식을 차리는 저녁 자리에서는 건배 제의가 있는 것이 보통이며, 주최자가 건배 제의를 하기 전에 와인을 마시지 않도록 한다.

격식을 차려서 행동해야 할지가 달라진다).

저녁 파티에 보답하고 싶지만 벨기에에 살지 않는다면, 식당에서의 저녁 식사나 저녁 문화 행사에 초대하는 것도 좋다.

벨기에에 거주하고 저녁 파티를 연다면, 격식의 수준을 정하면 된다. 그렇지만 손님으로 오는 벨기에인은 벨기에와 비슷한 규범이 적용될 것으로 기대할 것이다. 행사가 매우 격식을 차리는 파티라면 참가자를 테이블 좌석으로 안내해야 한다. 보통 주최자가 테이블의 상석에 앉고, 그 맞은편에 주최자의 배우자(있는 경우)가 앉는다. 주최자와 성별이 다른 주빈은 주최자의 오른편에 앉는다. 이런 좌석 배치가 복잡하다고 느껴지겠지만, 사람들이 어디에 앉을지 몰라 혼란스러워하거나 당황하는 일을 방지할 수 있다.

【드레스 코드】

벨기에 가정을 방문하는 것을 포함해 사교적인 자리에서는 보통 '스마트 캐주얼' 드레스 코드가 적용된다. 그렇지만 벨기에인은 보통 보수적으로 옷을 입으므로, 여기서 말하는 '스마트'는 스마트하다는 범주에서도 가장 보수적인 쪽이라는 점을 명심하자. 남성의 경우 캐주얼 울 재킷과 바지, 또는 리넨 재킷과 재단이 잘 된 치노 바지면 충분하다. 여성은 셔츠나 블라우스, 바지에 재킷을 걸치거나, 여름이라면 우아한 원피스도 좋다. 벨기에 여성복은 다소 단조로우며 모험성이 별로 없는 '고전적'인 스타일이지만, 완성도가 높다. 누구나 다 위대한 안트베르펜 디자이너의 옷을 살 수 있는 것은 아니니 말이다.

티셔츠, 청바지, 스니커즈는 집에서나 야외 활동, 쇼핑 시에 착용한다는 점을 명심하도록 한다.

【선물】

벨기에인의 집에서 열리는 모든 행사에 빈손으로 가서는 절대 안 된다. 꽃, 작은 장식용 화분, 초콜릿, 와인 등 모두가 주최자에게 주면 좋은 선물이며, 주최자도 이를 고맙게 받을 것이다. 자기 나라에 다녀왔거나 짧게 방문하는 것이라면, 자기 나라에서 가져온 작은 선물(희귀한 위스키라든가)도 좋다. 벨기에에서는 선물을 준 사람 앞에서 풀어보는 관습이 있다.

꽃 선물 시 알아야 할 점이 있다. 국화(죽음을 상징), 백합(종교와 관련)이나 붉은 장미(성적인 사랑)를 선물해서는 안 된다. 그리고 어떤 선물이든 13개는 피한다.

• 대화 시 해도 괜찮은 행동과 안 괜찮은 행동 •

- 상대 벨기에인이 말을 꺼내기 전까지 개인적인 일을 주제로 삼지 않는다. 보통 대화를 시작하는 데 사용하는 "무슨 일 하세요?"라는 질문은 벨기에인의 말문을 열지 못할 것이다.
- 자기 자신에 관해서도 너무 많이 이야기하지 않는 편이 좋다. 다만 자기에 관한 가벼운 농담 한두 개 정도는 괜찮다. 그런 농담은 벨기에인다운 모습이다. 벨기에인이 그러하듯 자기가 거둔 성공과 성취 앞에서는 겸손한 태도를 보이도록 한다.
- 식사는 가장 중요한 사교의 장이므로, 동료나 고객과 식사할 때는 주최자가 주제를 꺼내기 전까지는 비즈니스 이야기를 하지 않는 것이 좋다. 배우자나 파트너 동반 저녁 파티에서 비즈니스 이야기가 오가지 않는 모습을 쉽게 볼 수 있을 것이다.
- 언어와 문화적 분할에 관해 눈치 없이 말을 꺼내지 않도록 한다. 또한 단순히 궁금해서 물어보는 벨기에 역사나 정치에 관한 질문도 하지 않는 편이 좋다. 자리에 함께한 벨기에인이 이야기를 먼저 꺼낸다면 모를까. 그렇다고 하더라도 어느 한쪽 편을 들지 않도록 주의하자.
- 그러나 EU나 해외여행 관련해서는 이야기해도 괜찮다. 자기 나라에 관해서 적당히 이야기하는 것도 좋다.

- 벨기에인이 벨기에와 관련하여 언제나 즐겁게 이야기하는 주제는 식음료 (특히 벨기에 특산품), 고급문화와 대중문화이다.

【 대화 주제 】

누군가와 대화할 때 어떤 주제로 이야기를 해야 하는지, 혹은 하면 안 되는지 알려주는 일은 참 어렵다. 마찬가지로, 잘 아는 벨기에 친구와 이야기할 수 있는 주제는 우정이 깊어짐에 따라 바뀌게 된다. 위에서 설명한 내용은 아직 친하지 않아서 실수를 할 수 있는 관계에 있는 사람과 대화할 때 참고할 수 있는 것이다.

【 감사 인사 】

어느 자리든 초대받았다면 행사 후 꼭 감사 인사를 보내도록 한다. 왓츠앱이나 페이스북으로 보내면 된다. 직접 쓴 감사 편지를 보내려는데 당일 선물이나 과일 바구니 등을 준비하지 못한 경우, 편지에 꽃을 함께 보낼 수도 있다.

05

일상생활

벨기에인은 자기 집과 고향에 애착이 매우 강하다. 이사를 자주 하지 않으려 하고, 같은 도시나 마을에서 한평생을 사는 경우도 많다. 이는 나라가 너무 작고 대중교통 체계가 아주 효율적이어서 일 때문에 이사를 갈 필요 없이 출퇴근할 수 있기 때문이다. 집은 지위를 상징할 뿐만 아니라 취미이자 안식처이다.

삶의 질

벨기에는 도시화가 많이 되었고 전반적으로 부유한 국가이다. 현대에 들어 부는 골고루 분배되어 있지만, 여전히 빈곤한 계층도 있다. 실업률 수준과 순소득 수준으로 보면 플랑드르는 벨기에에서 가장 번영한 지역인 반면, 브뤼셀은 가장 가난한 곳이다.

벨기에의 사회보장제도는 매우 우수하며, 실업급여, 모성휴가 및 병가 수당, 연금 등을 갖추었다. 그에 따라 세금과 사회보장 분담금이 높은 편이다.

범죄율은 낮다. 한 달에 신고되는 범죄 건수는 인구 1,000명당 10건이 안 된다. 강도, 도난, 차량 탈취, 폭력 범죄는 잘 일어나지 않는다. 그러나 가정 폭력은 신고가 되지 않은 건이 훨씬 더 많다. 그리고 악명 높은 1996년 뒤트루 사건 이후로 아직도 아동 안전에 관한 공포가 사라지지 않고 있다(42페이지 참조).

주택과 가사 노동

벨기에인은 자기 집과 고향에 애착이 매우 강하다. 이사를 자주 하지 않으려 하고, 같은 도시나 마을에서 한평생을 사는 경우도 많다. 이는 나라가 너무 작고 대중교통 체계가 아주 효율적이어서 일 때문에 이사를 갈 필요 없이 출퇴근할 수 있기 때문이다. 주중 오후가 되면 수천 명의 브뤼셀 노동자가 수도를 벗어나 멀게는 리에주나 하셀트로 퇴근한다. 집은 지위를 상징할 뿐만 아니라 취미이자 안식처이다.

【주택 소유 형태】

70% 이상의 벨기에인이 주택을 소유하고 있다. 다만 브뤼셀은 예외인데, 60%가 넘는 브뤼셀 거주자가 주택을 임대하여 생활한다. 이렇게 상황이 정반대인 이유는 브뤼셀에 임시로 거주하는 외국인 비율이 매우 높기 때문이다. 젊은 세대는 주택 임대를 자기 집을 구입하거나 짓기 전까지의 임시 대안으로 생각한다.

많은 외국인 전문직 종사자들이 도시 중심부가 아닌 브뤼셀 교외 및 인근 도시의 성장에 많은 역할을 했다. 브뤼셀의 외국인은 가족을 동반하고 도심 아파트보다 더 넓은 면적의 주택에 거주하면서 자녀를 국제 학교에 보내려고 근교에 살려고 한다. 반면, 많은 유럽의회 의원MEP은 브뤼셀 중심가의 부유한 지역에 아파트를 소유하거나 임대한다. 그리고 일시적으로만 거주한다. 브뤼셀 중심부의 일부 주거 지역은 경기가 침체했다. 그러나 이는 이런 구역에 있는 매우 아름다운 아파트를 상당히 저렴하게 구할 수 있다는 뜻이기도 하다. 생질을 예로 들면, 각종 부티크, 식당, 식료품 가게 등으로 보아 패셔너블한 곳이 되었다.

세컨드 하우스를 소유한 벨기에인은 거의 없다. 벨기에 인구 중 3%도 채 안 되는 사람이 세컨드 하우스를 소유했으며, 이 중에서 다른 지역에 주택을 추가로 소유한 비율은 1% 미만이다.

【 주택 구매와 임대 】

벨기에에서 주택이나 아파트를 구매하는 일은 시간이 오래 걸린다. 임대 주택은 외국인이 관심을 많이 보인다. 특히 브뤼셀에서는 천장이 높고 아르누보나 아르데코 장식이 된 아름다운 고택을 선호하는 성향이 무허가 부동산 투기 개발의 중단으

안트베르펜 Schorpioenstraat에 있는 주택의 아르누보 양식 파사드
(건축물의 주된 출입구가 있는 정면부-옮긴이)

로 이어졌다. 그런 고택이나 그 안의 아파트는 브뤼셀 빌, 익셀, 에테르베크, 생질 등 19세기 및 20세기 초 거주 구역에서 찾을 수 있다. 옛 거주 구역의 주택은 다른 주요 도시에서도 찾아볼 수 있다.

임대 체계는 다소 복잡하다. 주택과 아파트는 가구 없이 또는 가구 완비 상태로 임대된다. 보통 '가구 없음'이란 커튼이나 커튼레일, 카펫, 붙박이장, 가스레인지나 냉장고가 없음을 의미한다. 가구가 완비된 곳은 대체로 주방용품과 식기류까지 모든 것이 완비되어 있어 더 안심된다. 다만 침구류나 수건류는 없을 것이다.

아파트 단지에서 살면 늦은 밤 소음, 반려동물, 쓰레기, 엘리베이터 사용 등 신경 써야 할 규칙과 규율의 수를 보고 놀랄 수도 있다. 그리고 이런 규칙을 얼마나 무시하는지도 알면 또 한 번 놀랄 것이다. 이런 경험은 벨기에식 타협 기술을 연마할 좋은 기회가 될 것이다.

【내 집 짓기】

벨기에의 옛말에 "벨기에인은 누구나 벽돌을 배 속에 품고 태어난다"라는 말이 있다. 이는 자기 집을 짓는 것을 선호하는 국민성을 가리킨다. 벨기에에서 같은 모양의 건물로 구성된 주택 단지를 보기란 좀처럼 어렵다. 그리고 도시의 주택가에서도 개별 주택이 이웃한 주택과 서로 다른 것을 흔히 볼 수 있다. 이렇게 건축물에서 나타나는 개인주의는 브뤼셀 거리 곳곳에 있는 매우 다양한 양식의 주택을 보면 알 수 있듯이 그 기원을 상당히 거슬러 올라간다. 이곳에서는 아르누보 양식의 보물 같은 주택이 단조로운 현대식 아파트 단지와 경쾌하게 어깨를 나란히 하고 있다.

가족의 규모가 작아지고 주택 수가 늘어나면서 벨기에에서 주택 비중은 점점 늘고 있다. 녹지와 가깝고 도심보다 안전하다고 여겨지는 환경에서 살려는 벨기에인이 증가하면서, 1980년대 후반부터 아이가 있는 젊은 가족을 중심으로 도시에서 외곽으로 이주하는 인구가 점차 늘고 있다. 이런 경향은 교외 지역의 환경 문제를 심화하는 것 외에도 녹지와 가까운 곳에 사는 부유한 가구와 스하르베크나 생조스텐노드 같은 인구 밀도가 높은 구도심에 사는 빈곤한 가구의 빈부격차를 더 증가하게 했다. 이제는 계획 규제에 따라 농촌 지역에서 비농업용 건물을 짓는 일을 제한하고, 건물용 토지 비율을 줄이고 있다. 이 규제로 신축에 제동이 걸렸으며, 정책의 초점은 세금

인센티브를 제공하여 기존 건물의 사용 연한을 늘리고 보수하는 방향으로 바뀌었다.

【집 꾸미기】

집을 지었으면 그다음에는 가구를 들여야 한다. 대체로 가정적(자기 집을 아끼고 가꾸는 일을 좋아하는 것)이라는 특성이 벨기에 전체에서 나타나지만, 특히 플랑드르에서 더 잘 볼 수 있다. 벨기에 주택은 매우 아늑하게 꾸며진다. 물건이 다소 많고 어두운 톤의 인테리어는 나이 든 세대가 선호하며, 요즘은 훨씬 밝고 여백을 두는 스타일이 대세이다. 가구점은 현대의 일요일 교회가 되었다. 벨기에 가구 시장의 선두 주자는 이케아이다. 자녀가 커서 독립하면 많은 중년의 벨기에인은 시간과 돈을 들여 집과 정원을 가꾼다.

가정생활

이사를 잘 다니지 않는 작은 나라에서 가족 구성원은 항상 연락하는 편이다. 따라서 가족에게서 벗어나고 싶어도 좀처럼 그

러기가 어렵다. 일주일에 한 번씩 부모, 조부모, 시댁/처가에 가는 일은 매우 흔하다. 대다수는 이를 선택이 아닌 의무라고 생각한다. 그래서 가족 사이가 가깝다. 너무 가까워서 불안할 정도로.

【자녀】

대부분 북유럽 국가처럼 벨기에도 아동 중심의 사회는 아니다. 결혼하거나 정착하는 시기가 늦어지고 출산하려는 사람도 줄고, 커리어가 안정될 때까지 가정을 꾸리는 시기를 늦추거나 아이를 갖지 않는 결정을 하는 커플을 사회적으로 용인하는 분위기가 되면서 출산율이 떨어지고 있다. 벨기에의 우수한 유아 돌봄 제도는 아동의 조기 학습보다는 여성 고용 촉진을 위해 만들어졌다.

그러나 자녀를 갖기로 한 부모는 헌신적으로 아동과 아동의 발달을 중심으로 삶을 꾸린다. 젊은 세대에서는 윗세대보다 자녀 양육에 적극적으로 임하는 아빠가 많다. 많은 가정에서 전통적인 통과의례를 여전히 지킨다.

【 제3의 인생 】

다른 '선진국'과 마찬가지로 출산율은 낮고 의료 서비스가 개선되면서 벨기에 인구도 노령화하고 있다. 출생 시 기대 수명은 현재 81.8세이다. 여성의 기대 수명은 84.0세, 남성은 79.6세이다. 공식적인 은퇴 연령은 65세이지만, 그때까지 일하는 사람은 많지 않고 50세 정도면 은퇴하는 경우가 대부분이다. 이는 정부의 높은 비용 지출로 이어진다. GDP에서 의료비보다 연금의 비중이 높아지고 있으며, 이런 추세는 앞으로도 계

속될 것으로 보인다.

벨기에인은 가능한 한 일찍 경제활동 인구에서 빠져나가지만, 그렇게 되더라도 여러 수업을 듣거나 DIY, 가드닝, 여행 등으로 매우 바쁘게 시간을 보낸다. 그리고 양로원이 있지만 완연한 노년에 접어들어서도 자기 집에서 사는 벨기에인이 많다 (80세 이상 인구 중 2/3가 여전히 자기 집에 거주).

건강보험

벨기에 건강보험은 유럽 중에서도 최고로 손꼽힌다. 또한 매우 복잡하기도 하다. 수많은 건강보험사가 병원비, 치과 진료비, 기타 의료 비용 대부분을 보장해준다. 보험 체계는 국가와 민간 부문으로 나뉘며, 양쪽 모두에 보험금을 낸다. 벨기에 거주권이 있는 사람이면 누구나 뮤츄엘mutuelle에 가입해야 보험 혜택을 받을 수 있다. 건강보험 플랜은 입원과 치과 진료 등을 포함하여 다양한 패키지로 구성된다. 고용주가 이런 플랜을 추가 법정 복리후생으로 포함하는 경우가 많다. 직원 급여에서 일정 금액이 보험료로 차감되고, 보험 혜택이 본인과 부양가족에게 적용되는 형식이다. 병원 치료를 받으려 대기하는 일도 거의 없다. 벨기에의 효율적인 의료 체계 덕분인지 벨기에인은 의사를 거리낌 없이 부른다. 의사도 신속하게 약을 처방해주며, 처방전 없이도 살 수 있는 의약품이 많다. 약초를 사용한 치료법도 대중적이다.

보통 벨기에 의사는 환자 집으로 왕진하지 않는다. 따라서 아이가 아프면 구급차나 다른 이동 수단으로 아이를 병원 응급실로 데려가 치료받아야 한다.

【장애】

벨기에는 법으로 고용, 교육, 공공 서비스에서 장애인 차별을 금지한다. 장애인 보조(다양한 수준의 정부에서 제공)에는 보조금, 지역 및 공동체의 직업 훈련 프로그램 등이 있다. 장애인은 거주지와 상관없이 전국 어디서나 서비스를 받을 수 있다.

법적으로 1970년 이후 세워진 공공 건축물은 장애인도 접근할 수 있도록 설계되어야 하고, 이보다 오래된 건물에서 장애인 접근성을 개선하는 경우 건물주에게 정부 보조금이 지급된다. 그러나 많은 건물이 여전히 접근성 기준을 충족하지 못한다. 지난 몇 년간 여러 대중교통 회사가 장애인 승객에게 사용자 친화적인 차량을 제공하며 상당한 개선을 이루었다.

교육

벨기에 교육 체계는 12년간의 의무 초중등 교육(5~18세)을 포함한다. 그러나 거의 모든 아동이 2.5~3세경부터 유치원에 다니며 교육 체계에 편입된다. 3세 미만의 자녀를 둔 직장인 부모는 지역 탁아소 또는 어린이집을 이용할 수 있다. 그러나 이용료가 저렴한 덕분에 언제나 대기 인원이 많아 임신 중에 미리 등록해야 한다. 이렇게 어린 나이에도 언어적 분할을 피부로 실감한다. 모든 수준의 학교에서 언어권에 따라 각 언어로 과정을 운영하기 때문이다.

교육 행정은 각 언어권에 맡겨진다. 공식적인 공립 학교는 국가로부터 직접 재정 지원을 받으며 국가 교육과정을 정확하게 준수한다. 각 주와 구역에서도 학교를 운영하는데, 국가 교육과정을 좀 더 유연하게 적용한다. 독립(주로 교회 기반) 학교도 국가 보조금을 어느 정도 받지만, 일부 시설의 경우 부모가 돈을 내야 할 수도 있다. 또한 사립 학교와 유럽 기구 대표단의 자녀를 위한 학교 등 국제 학교도 있다. 학습에 심각한 어려움이 있거나 신체적 장애가 있는 아동을 위해 국고로 지원하는 특수 학교도 있다.

현재 공교육은 세속적이지만, 가톨릭이 대부분인 독립 학교 네트워크도 있다. 많은 가족이 독립 학교를 선택하는데, 그 이유가 꼭 종교적인 것만은 아니다. 독립 학교가 집과 가깝다거나 평판이 더 좋아서 선택하는 경우가 많기 때문이다. 왈롱 지역에서 절반이 넘는 초중등 학생이 공립 학교에 다닌다. 반면, 플랑드르 지역에서는 공립 학교에 다니는 학생 수가 30% 정도박에 안 된다. 공교육에는 몬테소리, 프레네, 데크롤리와 같은 대안 교육법도 포함된다. 교육을 선택할 수 있는 자유가 헌법에 보장되어 있으며, 학교는 정원에 여유가 없는 등의 객관적인 이유가 아니라면 지원자를 거부할 수 없다.

10~11살이면 외국어를 배우기 시작하는데 보통은 다른 나라 언어나 영어를 배운다. 플랑드르의 아동은 영어가 프랑스어보다 훨씬 쉽고 '쿨하다'고 생각한다. 왈롱 지역 아동은 영어, 독일어, 네덜란드어 중 선택할 수 있는데 대부분 영어를 고른다. 네덜란드어를 배운다면 세 번째로 구사하는 언어가 된다.

벨기에의 젊은이 중 거의 80%가 일반, 기술 또는 직업 중등 교육 이수자이다. 중등 교육의 마지막 시험은 고등 교육 진학 여부를 판가름하며, 시험 후 발급되는 자격은 벨기에와 일부 EU 국가에서 인정된다. 학생들은 대학이나 전문대로 진학할 수 있으며, 진학률은 60% 정도이다. 대다수 학생이 주말에는 집으로 돌아가므로, 금요일 오후에 기차 안은 불룩 튀어나온 배낭을 멘 젊은이로 가득하다. 모든 지역에서 평생교육도 이수할 수 있다.

18세가 되면 벨기에인은 법적으로 성인으로 인정되며, 투표, 운전, 결혼, 창업이 가능해진다. 성적 동의가 인정되는 연령

1425년에 건립된 옛 루뱅 대학교 도서관에서 공부하는 학생들

은 남녀 모두 16세이며, 17세의 벨기에인 중 50~60% 정도가 처음 성 경험을 하는 것으로 집계되었다.

하루 일과

벨기에인의 직장과 집의 거리는 평균 17km이다. 업무는 오전 9시에 시작하고 저녁 6시나 6시 반에 퇴근한다. 그래서 저녁 러시아워 전에 집으로 갈 수 있다. 그런데 이렇게 일제히 움직이는 것은 사실 러시아워를 연장할 뿐이므로, 어찌 보면 자조적이라고 할 수 있겠다. 지방자치단체는 보통 오전 8시에 업무를 시작하고 일찍 종료한다. 점심은 회사 동료와 (회사 안이나 밖에서) 먹고, 즐거운 업무 환경과 동료와의 우호적인 관계 형성을 매우 중요하게 여긴다. 퇴근 후 아이 양육을 하지 않아도 되는 사람들은 집에 가기 전에 술을 한잔하기도 한다. 특히 여름에 햇살이 비치는 길가의 카페에서 30분 정도 즐겁게 지내기도 하는데, 매일 꼭 하는 일은 아니다.

벨기에 직장의 매력적인 관습은 축하 파티이다. 생일 등 모든 기회가 있을 때마다 점심때 직원들이 모여 음료와 음식을 나누어 먹는다. 이는 조화로운 기업 문화를 만들고 좋은 동료 관계를 맺기 위한 것으로, 벨기에에서는 이런 문화가 매우 발달했다.

학교는 오전 8시 반에 시작해서 오후 4시 반이나 5시에 끝난다. 그렇지만 아이를 오전 7시 반 이후에 미리 데려다주거나 오후 6시까지 데리러 갈 수 있다. 학부모는 자녀를 데리고 학교, 집, 방과 후 활동(스포츠, 취미, 친구 방문 등)을 오가는 데 오후 시간 대부분을 보낸다. 뒤트루 사건이 있고 나서는 아동 안전에 관한 우려가 부쩍 늘어서 아이가 혼자 도시나 마을을 다니는 일은 거의 없다.

주말은 가족 관계를 돈독히 하는 데 전적으로 활용한다. 가족을 방문할 때는 걸어가거나 자전거를 타는 경우가 많다. 도시 거주자도 주말이면 야외로 나간다. 브뤼셀의 교외에는 부아 드 깡브흐 등 아름다운 삼림지대가 있다. 아니면 DIY와 가드닝에 열중하기도 한다(다만 일요일에 잔디를 깎는 행위는 소음 공해로 여겨진다).

【쇼핑 습관】

그리고 빼놓을 수 없는 것이 바로 식료품 쇼핑이다. 벨기에의 주요 슈퍼마켓(델헤이즈, 콜루이트, 까르푸)은 전국에 지점을 두고 있지만, 그 외에도 흥미로운 동네 베이커리와 제과점, 조제 식품 판매점, 차와 커피 전문점, 와인 전문점, 치즈 가게(가끔 와인과 치즈를 한곳에서 판매하는 경우도 있음) 등 선택지가 매우 다양하다.

어떤 슈퍼마켓에서는 쇼핑객이 전용 계산대에서 직접 계산하여 시간을 절약할 수 있도록 소형 스캐너를 도입하기도 했다.

거의 모든 가구가 자동차를 가지고 있지만, 개인과 가정용 제품 구매를 위해 온라인 쇼핑도 매우 많이 이용한다. 샤를루아 지역 주민은 평균적으로 차로 쇼핑하러 가는 것을 더 좋아하며, 코라 같은 하이퍼마켓이나 기타 대형 슈퍼마켓 체인

브뤼셀 전통 제과점 주인이 운영하는 베이커리에 설치된 창문으로 보이는 풍경

을 선호한다. 루뱅 지역 주민도 차로 쇼핑하러 가는 것을 즐기고 델헤이즈 같은 규모가 작은 슈퍼마켓 체인을 이용하는 편이다. 그러나 코로나바이러스 팬데믹으로 많은 이들의 쇼핑 습관이 변했다. 벨기에인 1/4이 다른 유통업체, 가게, 웹사이트를 이용하게 되었으며, 60% 정도가 쇼핑 시 새로운 것을 시도해 보았다고 한다. 대부분 가게에서 현금으로 결제할 수 있지만, 카드 결제도 모든 슈퍼마켓과 소매점에서 이용할 수 있다.

반려동물

벨기에의 가구 중 1/4이 개를, 1/4이 고양이를 키운다. 2020년에 등록된 반려견은 130만 마리, 반려묘는 200만 마리 이상이었다. 이는 네덜란드, 독일, 영국보다도 훨씬 더 많다. 벨기에인들은 반려견을 데리고 어디든지 가는 편이며 식당에도 데리고 간다. 반려동물 돌봄 서비스와 반려동물을 맡길 수 있는 기숙형 켄넬도 많다.

확인용 반려동물 등록은 필수이다. 벨기에에 입국하려면 반려동물에게 ISO 펫 마이크로칩이 있어야 하며, 입국 21~30

일 전에 광견병과 기타 질병의 예방접종을 받아야 한다.

2020년 생조스텐노드는 동물복지를 위한 의원을 임명했다. 이 지역의 유기묘 증가 문제를 해결하기 위해 반려묘의 중성화 수술 시 프리미엄을 제공할 것을 제안했다.

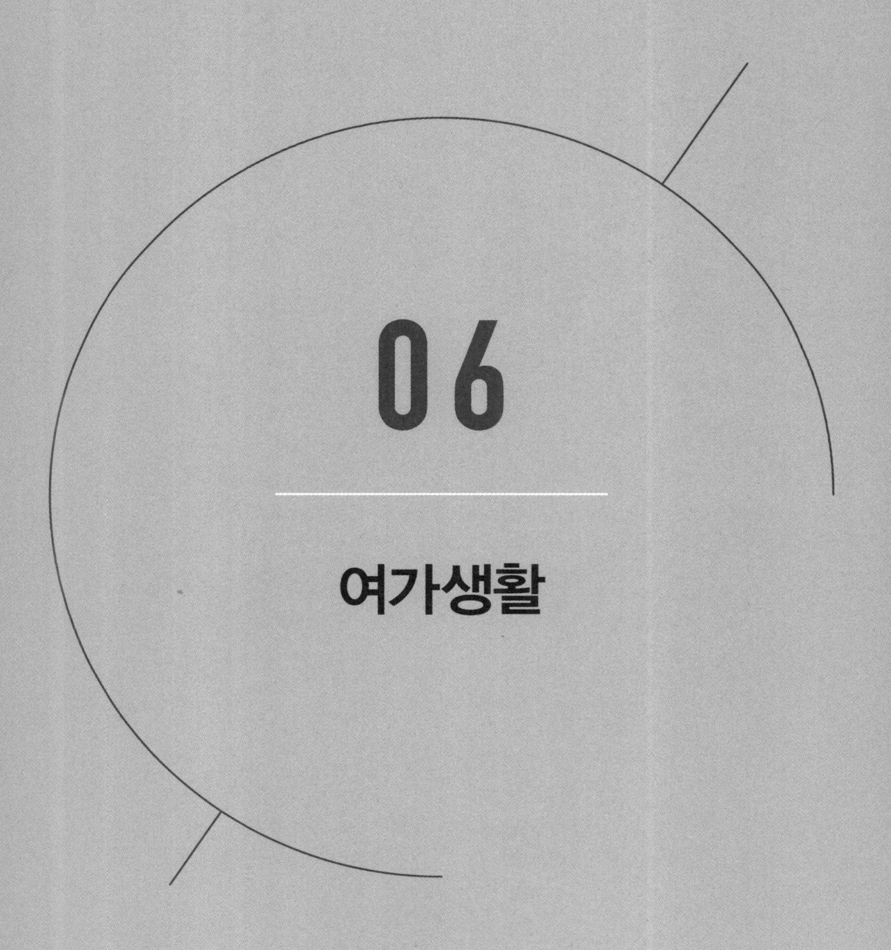

06

여가생활

벨기에에서는 모든 예술적 취향을 충족할 수 있으며, 대부분은 브뤼셀에서 즐길 수 있다. 영화, 온갖 종류의 벨기에 음악, 상설 극장, 오페라, 무용단 등에 후원도 잘 이루어진다. 나라의 크기를 감안하면 세계적인 아티스트의 투어 공연도 자주 열리며, 예술 페스티벌도 매우 다양하게 열린다.

벨기에인은 매우 사교적이며 친구, 가족과 여가 보내기를 매우 즐긴다. 카페, 주요 스포츠 경기 생중계를 대형 화면으로 볼 수 있는 바와 펍에서 사회생활이 많이 이루어진다.

외식은 전 국민적인 여가생활로, 벨기에의 많은 식당에서는 왈롱과 플랑드르 음식뿐만 아니라 거의 모든 음식을 제공한다. 벨기에는 인당 음식점 수가 전 세계에서 가장 높다. 또한 미슐랭 스타를 획득한 음식점 수도 상당히 많다. 2021년 통계에 따르면 미슐랭 스타 1개 이상을 받은 음식점은 127곳이다.

예상하듯이 왈롱과 플랑드르 지역의 음식과 지역 특산 요리는 서로 상당히 다르다. 전통 왈롱 음식은 프랑스처럼 진한 와인과 크림소스를 기반으로 한다. 아르덴 지역은 절인 햄으로 유명하다. 샐러드 왈로니는 상추, 감자튀김, 깍둑썰기한 베이컨으로 만든 따뜻한 샐러드이다. 플랑드르 음식은 네덜란드처럼 감칠맛이 있는 스튜를 중심으로 한다. 특히 스톰프(소시지나 베이컨에 으깬 감자와 여러 채소를 곁들인 요리)는 플랑드르다운 음식이다. 언어적 차이를 뛰어넘어 사랑받는 국민 요리는 물 프리트moules et frites라 불리는 홍합과 프렌치프라이 요리인데, 홍합은

10여 가지가 넘는 다양한 방식으로 조리한다.

벨기에의 아침 식사도 문화적 차이를 보여준다. 플랑드르에서는 찬 고기와 치즈에 다양한 빵, 잼, 과일 주스, 커피를 곁들인다. 왈롱에서는 일반적인 '콘티넨털 브랙퍼스트'의 커피와 크루아상 또는 프랑스 빵과 잼을 즐긴다. 브뤼셀에서는 숙박비나 주인의 출신지에 따라 제공되는 아침 식사가 달라진다.

점심과 저녁 식사 모두 중요하게 생각하며, 많은 음식점에서 오늘의 요리 또는 오늘의 메뉴를 판매한다. 그리고 대부분 식당의 메뉴는 가격이 고정되어 있다. 점심시간이더라도 언제

물 프리트(moules et frites)

나 예약이 필수이다. 식당은 오전 11시나 정오부터 오후 2시나 3시까지 점심 장사를 한다. 저녁 식사는 보통 오후 6시 반부터 오후 10시나 11시까지 가능하다. 가벼운 식사를 하기에 매우 좋은 브라스리는 보통 오전 11시에 문을 열고 자정이나 새벽 1시까지 영업한다. 카페와 바의 영업시간은 유동적이다. 주인이 원하는 시간에 영업을 시작하고, 마지막 손님이 나갈 때까지 영업한다. 카페 대부분은 오전 10시나 11시에 문을 연다. 어떤 곳은 새벽 3시가 지날 때까지 영업하기도 한다.

햇살이 좋은 날에는 모두 야외의 노천카페를 즐긴다. 벨기에에는 여러 유형의 카페가 있지만, 모두가 음식을 파는 것은 아니다. 음식을 먹을 수 있는 카페에서는 맥주와 몇 가지 식사를 판다. 대형 카페에서는 언제든 음료를 마시거나 식사를 할 수 있다. 플랑드르에서 태번(선술집)은 일반 카페보다 규모가 크며 몇 가지 식사를 판매하거나 공짜 쿠키나 와플을 제공하기도 한다.

거리, 기차역, 쇼핑센터에 있는 작은 노점상이나 키오스크에서 또 다른 벨기에 국민 요리인 프렌치프라이, 와플을 발견할 수 있다. 프렌치프라이(또 하나의 벨기에산 발명품)는 마요네즈와 함께 종이 콘에 담겨 나온다.

원래는 트라피스트 수도사가 양조한 도수가 높고 과일 향이 나는 브라운 에일에 속하는 '더블' 맥주

【 음료 】

다른 나라와 달리 벨기에에서 그냥 커피를 시키려면 특별한 이름(에스프레소, 라테, 카푸치노 등)을 대지 않고 그냥 카페/코피라고 말하면 된다. 카페 또는 코피를 주문하면 작은 잔에 담긴 커피와 크림, 작은 비스킷(보통 시나몬이 가미된 스페큘러스)이 함께 나온다. 왈롱과 브뤼셀에서 커피는 따뜻한 우유를 탄 오레의 형태로 나올 수 있다. 카푸치노는 대부분 인공 휘핑크림을 올려서 나온다.

• 건배! •

벨기에인이 맥주를 마시기 시작한 것은 최소 중세 시대부터이다. 양조업자의 수호성인은 성 아놀드인데, 14세기에 전염병이 창궐했을 때 그가 사람들을 설득하여 물 대신 맥주를 마시게 했기 때문이다. 맥주는 끓여서 마시고 물은 그렇지 않았으므로, 기적적인 치료 효과가 있었고, 벨기에인(이 외에도 많은 사람)은 그때부터 성 아놀드에게 감사하게 되었다.

가장 흔하게 볼 수 있는 맥주는 스텔라 아르투아, 주필러, 마스 등이 있으며, 이런 브랜드는 작은 카페나 펍에서도 쉽게 볼 수 있다. 카페나 펍에 가면 맥주 메뉴만 몇백 개에 달할 정도이다. 벨기에 맥주 바로 가장 유명한 데릴리움은 브뤼셀에 있으며 전 세계 2,000종 이상의 맥주를 판매한다. 절대로 '맥주 한 잔'이라고 주문하지 말자. 그러면 무관심한 눈길을 받거나 아주 기본적인 음료가 나올 것이다. 무엇을 마실지 구체적으로 정해서 주문해야 한다. 잘 모르겠으면 모험을 해보든가 조언을 구하면 된다.

주류 중에서는 맥주가 지배적이며, 점점 벨기에 맥주가 많이 수출되고 있다. '건배!'는 네덜란드어로 '푸르스트!', 프랑스어로 '상테!'라고 한다. 루뱅 동부의 소규모 와인 산지인 헤이글랜드Hageland 지역에서는 좋은 품질의 화이트, 로제, 스파클링

와인을 생산한다. 그리고 많은 음식점에서는 전 세계에서 들여온 양질의 와인을 맛볼 수 있다.

플랑드르 사람들은 진과 비슷한 예네버르(주니에브르라고도 함)를 매우 좋아한다. 벨기에에서 생산되는 종류만 270여 가지가 되며, 대부분의 바에서 다양한 예네버르를 취급한다. 예네버르를 주문할 때에는 'witteke(약간 하얀 것)'라고 말하는 것이 좋다. 그러면 얼음 위에서 차갑게 식힌 톨 샷 글라스에 술이 담겨 나온다.

【 음식점 에티켓 】

음식점의 서비스는 훌륭하지만, 시간이 좀 걸리는 편이고, 가격대가 높은 곳일수록 식사가 나오기까지 오래 기다려야 한다. 벨기에인에게 함께 식사하는 일은 친목을 다지는 기회이다. 최고의 음식점에서도 아동은 부모를 동반해야 한다. 아이들은 얌전히 행동해야 한다는 이야기를 들으며, 실제로도 그렇게 한다. 반려견은 대부분 식당에 출입할 수 있다. 식당 안에서는 금연이며 일부 흡연 구역을 갖춘 곳도 있다.

음식점과 바에서는 웨이터가 음료를 테이블로 가져다주고, 나갈 때 먹은 것을 전부 계산하면 된다.

• 팁 문화 •

음식점에서는 계산 가격에 10~15%의 서비스 요금이 포함된 것이 보통이다. 카페와 스낵 바는 거스름돈을 올림하여 내면 된다.

소지품 보관소 직원과 화장실 직원(특히 현지에서는 마담 피피라고 부름)은 모두 1유로를 팁으로 주는 것이 일반적이다. 택시 운전사는 요금의 15~20%를 팁으로 받는다. 미용사는 워낙 요금이 비싸서 팁을 받지 않는 편이다.

【음식 배달】

코로나바이러스 팬데믹으로 음식을 배달하는 일이 매우 대중화되었다. 테이크어웨이닷컴, 딜리버루, 그리고 우버 이츠 등의 앱에서는 주요 도시의 음식점에서 식사를 배달해준다.

예술

벨기에에서는 모든 예술적 취향을 충족할 수 있으며, 대부분은 브뤼셀에서 즐길 수 있다. 영화, 온갖 종류의 벨기에 음악,

상설 극장, 오페라, 무용단 등에 후원도 잘 이루어진다. 나라의 크기를 감안하면 세계적인 아티스트의 투어 공연도 자주 열리며, 예술 페스티벌도 매우 다양하게 열린다. 시각 예술의 전통은 판 데르 베이던, 멤링, 브뤼헐, 루벤스, 반 다이크로 거슬러 올라가며, 현재까지도 활발하게 이어지고 있다. 특히 조각 분야가 두드러진다.

벨기에는 국가적으로 다양한 차원에서 예술을 장려한다. 연방 정부는 팔레 데 보자르와 다른 주요 박물관, 국립 오케스트라, 벨기에 왕립 오페라 극장, 왕립 도서관 등을 관리한다. 각 지역에서는 기념물을, 언어 공동체에서는 문화 정책, 행정, 재정 지원을 담당한다.

문화 행사에 관한 정보는 벨기에 관광청(http://www.visitbelgium.com/)과 도심 관광안내소에서 받아볼 수 있고, 영어 자료도 많다. 브뤼셀 관광청TIB은 BBB 어젠다에서 예정된 행사를 광고하고, 브뤼셀과 기타 주요 도시에서 열리는 콘서트, 전시, 연극 공연 예매를 진행한다. 〈불레틴〉에도 브뤼셀과 기타 지역에서 열리는 문화 행사 알림이 실린다.

주요 예술 축제에는 브뤼셀 쿤스텐 페스티벌(5월), 플랑드르와 왈롱의 연례 축제(여름, 초가을), 퀸 엘리자베스 국제 콩쿠르,

다양한 국제 영화제 등이 있으며, 이 외에도 매우 많다. 투모로우랜드나 발칸 트라픽 페스티벌 등 한 해에 여러 음악 페스티벌이 개최된다.

【영화】

벨기에 영화 산업은 예술 영화에 집중되어 있지만, 세계적인 상업 영화도 전국에서 상영되며 인기도 많다. 모든 도시와 대규모 번화가에는 최신 멀티플렉스 센터가 있으며 소규모 아트하우스 영화관이 있는 곳도 있다. 벨기에인인 알버트 버트가 멀티플렉스 극장을 발명했으며, 브뤼셀에 24개 상영관을 갖춘 대형 영화관 키네폴리스를 열었다.

대부분 영화 상영 시 30분간 광고와 예고편 상영이 이뤄진다. 특히 주말에는 좋은 자리를 맡으려면 전체 세션 시간에 맞춰 가는 것이 좋다. 또한 벨기에 영화관 광고는 초현실주의를 공부할 좋은 기회이다. 플랑드르에서는 자막 영화 상영이 일반적이지만, 왈롱에서는 프랑스어 더빙판이 상영된다. 영화에 VO/O 표시가 되어 있으면 더빙이나 자막이 없는 원본이라는 의미이다. VO st-bil/OV Fr/NL ot.는 네덜란드어나 프랑스어 자막이 있다는 말이다. PF[parlant français] 또는 Vlaamse/

Nederlandstalige versie는 프랑스어나 네덜란드어로 더빙되었다는 표시이다. 프랑스어권에서 ENA[enfants non admis]는 16세 미만 관람 불가를 말한다. EA[enfants admis]는 모든 연령의 어린이도 관람할 수 있음을 뜻한다. 네덜란드어권에서는 관람 연령을 표시할 때 'x세부터[vanaf x jaar]'라고 나타낸다.

매년 열리는 영화제에는 브뤼셀 국제 영화제와 헨트의 플랑드르 국제 영화제가 있다. 브뤼셀에서는 7월과 8월 주말에 생깡뜨네르 공원에 드라이브인 영화관이 설치된다.

【연극】

연극 제작은 주로 프랑스어나 네덜란드어로 이루어지는 편이지만, 종종 영어권이나 다른 세계적인 극단의 투어가 이루어지기도 한다. 브뤼셀의 국립극장은 그 이름과는 달리 프랑스어 공동체만을 대상으로 하는 연극을 올린다. 네덜란드어 공연을 하는 극장은 왕립 플랑드르 극장[KVS]이다. 이외에도 브뤼셀에는 소규모인 포쉐 극장, 레알드샤에벡, 유서 깊은 왕립공원극장이 있다. 벨기에는 인형극 전통이 강하다. 왕립 투네극장[Théâtre Royal de Toone]은 투네 가문이 한 세기 넘게 운영하고 있다.

【음악, 오페라, 댄스】

벨기에에서는 점심시간의 클래식 콘서트부터 록과 컨템퍼러리 재즈까지 모든 종류의 라이브 음악을 즐길 수 있다. 벨기에 국립 오케스트라는 브뤼셀 팔레 데 보자르Paleis voor Schone Kunsten에서 정기적으로 공연한다.

브뤼셀에 있는 왕립 오페라 극장은 'La Monnaie/De Munt'라는 이름으로 잘 알려져 있으며 오페라와 발레 공연을 주로 한다. 안트베르펜, 헨트, 리에주에도 오페라 극장이 있다. 오페라 시즌은 9월부터 이듬해 5월까지이다. 시즌 티켓 보유자들이 미리미리 예매하는 덕에 공연은 거의 매진이다.

벨기에의 현대무용단은 세계에서도 손꼽히는 수준이다. 그중에서도 유명한 무용단은 헨트에 있는 '무용 공동체' 세 드라 베 무용단, 왕립 오페라 극장을 주 무대로 활약하는 플랑드르 무용단인 로사스 무용단, 아방가르드한 샤를루아 당스-플랜케이 무용단이 있다. 안트베르펜의 상주 무용단인 왕립 플랑드르 발레단은 발레 전용 극장인 't'Eilandje'에서 공연한다. 무용단은 대부분 7월과 8월에 휴식기를 갖는다.

색소폰(1840년대에 아돌프 삭스가 고안)의 탄생지라는 이름에 걸맞게 벨기에의 재즈 문화는 매우 다채롭다. 안트베르펜에서 여

브뤼셀 벨기에 왕립 오페라 하우스

름에 5일간 열리는 재즈 미들하임, 아우디 재즈 페스티벌, 5월 마지막 주말에 열리는 브뤼셀 재즈 마라톤 등이 대표적인 재즈 페스티벌이다.

벨기에의 가장 큰 록 페스티벌은 록 워히터로, 7월 말이나 8월 초 루뱅 인근 워히터에서 열린다. 또 다른 연례 록 페스티벌에는 8월 말 하셀트에서 열리는 펄크팝이 있다.

브뤼셀에서 여름에는 일요일마다 부아 드 깡브흐, 그랑 플라스, 모네 광장 등에서 야외 음악을 무료로 즐길 수 있다.

【박물관과 미술관】

벨기에에는 300개가 넘는 박물관이 있으며, 이 중 80개가 브뤼셀에 있다. 박물관의 전시 주제는 르네상스 회화에서 아르데코, 초콜릿 제조부터 철강 산업, 레이스부터 팬티에 이르기까지 매우 다양하다. 여러분이 상상하는 것보다 훨씬 많은 예술 작품이 벨기에에 있고, 위대한 르네상스와 바로크 시대의 걸작은 유명 미술관에 안전하게 보관되어 있지만, 위대한 아르누보 건축가 빅토르 오르타의 집 같은 다른 보물은 보존 기록이 잘 되어 있지 못하다. 현재 진행 중인 전시

오르타 박물관은 브뤼셀 생질에 있는 오르타의 생가와 작업실을 활용하고 있다.

를 잘 알아볼 수 있는 곳은 브뤼셀뮤지엄(www.brusselsmuseums.be/en/exhibitions)과 비지트브뤼셀(visit.brussels/en/visitors/agenda)이다.

【 예술적인 만화 】

만화는 벨기에의 '아홉 번째 예술'이라고 불리며, 가장 유명한 벨기에인으로 만화 속 영웅이 꼽힐 정도이다. 한 해에 출판되는 만화책은 4,000만 권에 달한다. 아동용 만화에서 시작한 벨기에 만화는 곧 사회 풍자와 코멘터리를 전달하는 매개체로 자리 잡았다.

해바라기 사건 중 땡땡, 밀루, 아독 선장이 나온 장면을 그린 벽화

에르제(본명은 조르주 레미)는 **땡땡**(네덜란드어로 Kuifje)의 창작자이며 벨기에 만화의 아버지이다. 제2차 세계대전이 끝날 무렵에 만화가로 구성된 '벨기에 학파'가 생겨났

다. 여기에는 벨기에에서 가장 오래 연재 중인 만화 시리즈이자 국내 판매량이 가장 높은 〈스파이크와 수지Bob et Bobette/Suske en Wiske〉의 창작자인 윌리 반더스틴도 포함된다. 1948년 피에르 컬리포드(페요라고도 불림)는 스머프를 만들었다.

벨기에 만화의 황금기는 1950~1970년이지만, 벨기에의 만화 시장은 여전히 활발하다. 벨기에 주요 출판사가 유럽의 대형 출판사로 흡수되기는 했지만, 새로운 벨기에 예술가가 여전히 만화 분야를 주름잡고 있다.

벨기에식 섹스

벨기에에서 성매매는 합법이지만, 성매매 업소를 운영하는 것은 불법이다. 그러나 유연하게 규제에 접근하는 벨기에 방식의 이면을 설명하자면, 성매매 업소는 벨기에에서 매우 활발하게 영업하고 있다. 홍등가에서 성매매 업소를 쉽게 찾아볼 수 있다. 이 홍등가는 브뤼셀 북역 뒤편의 유럽 최대의 아랍 시장 바로 옆에 있다.

동성애를 공식적으로 포용하는 벨기에의 모습은 법에서 동성 결혼을 포함하는 것(81페이지 참조)에서 잘 드러난다. 그러나 이 법이 일반 대중의 시각을 보여준다고 볼 수는 없다. 게이 사회는 이성애자 사회에서 대체로 무시당하는 편이며, 게이의 모습은 네덜란드보다 훨씬 눈에 잘 띄지 않는다. 주요 번화가와 도시에는 게이 바와 클럽이 있고, 대도시에는 게이 친화적인 호텔과 레즈비언 카페 클럽도 있다. 브뤼셀에는 LGBTQ 커뮤니티를 위한 바와 카페가 있는 훌륭한 도심 번화가가 있다. 안트베르펜에는 서유럽 최대 규모의 게이 나이트클럽이 있다. 벨기에 프라이드 축제는 5월 첫 번째 토요일에 열린다.

쇼핑 즐기기

패션 부티크와 대형 백화점에서 작은 동네 가게와 노천 시장에 이르기까지, 다양한 쇼핑 옵션이 있는 벨기에에서 쇼핑하는 일은 하나의 즐거움이다. 벨기에인은 안트베르펜을 쇼핑하기 가장 즐거운 도시로 생각한다. 아방가르드 디자이너의 부티크와 유럽 10대 대형 쇼핑몰, 중고 가게와 골동품 전문점, 다이아몬드 전문점 등이 예스러운 자갈길을 따라 이어져 있기

갤러리 루아얄 생 위베르의 우아한 쇼핑 아케이드 내부

때문이다. 브뤼셀의 주요 쇼핑 지구는 루이스 가와 투와송 도르, 뇌브 가, 브루케르의 실내 안스파흐 센터가 있다. 1847년에 유럽에서 최초로 지어진 쇼핑 아케이드인 갤러리 루아얄 생 위베르는 유리 천장이 아름다우며, 그랑 플라스와 중앙 기차역 근처에 있다. 유럽 최대의 아랍 시장은 브뤼셀 북역 바로 뒤에 있다. 여기서는 유럽 가정에서 사용하는 일상 용품부터 중동 용품까지 다양하게 볼 수 있다.

【 초코홀릭의 천국 】

벨기에는 세계에서 가장 맛있는 초콜릿의 생산지이다. 모든 도시에는 두세 개 이상의 초콜릿 전문점이 있고, 대도시에는 수십 개가 있다. 주요 생산/수출 기업으로 고디바, 레오니다스, 노이하우스가 있지만, 벨기에인은 국내 왕실 공식 초콜릿 공급업체인 매리라는 초콜릿을 최고로 치고 아껴 먹는다. 또한 초콜릿 구매 시 무게 단위로 살 수 있다. 1kg 혹은 0.5kg 박스 포장이 된 초콜릿을 사거나 섞어 달라고 할 수 있다. 브뤼셀 그랑 플라스에 있는 가게에서 초콜릿을 사면 수제 초콜릿이

만들어지는 과정도 보고 초콜릿에 담가 코팅한 과일을 맛보는 좋은 경험을 할 수 있다.

【영업시간】

도시에서는 보통 가게 영업시간이 주중 오전 10시에서 오후 6시나 7시까지이다. 토요일에는 영업시간이 연장되며, 점심시간은 따로 갖지 않는다. 쇼핑몰은 이보다 영업시간이 더 길어서 오후 8시나 9시까지 연다. 규모가 작은 도시에서는 점심시간에 가게 문을 닫는 경우도 있다. 벨기에에서는 연중무휴 문화가 일반적이지 않지만, 현지 편의점은 일요일을 포함하여 밤새 혹은 새벽 1시나 2시까지 운영하는 경우가 많다. 가족이 운영하는 가게의 경우 대부분 여름에 2주 정도의 휴가 기간을 갖는데, 휴가는 보통 8월 상반기이다.

【시장】

벨기에 시장에는 식료품, 골동품, 꽃, 반려동물, 소형 장식품 등 없는 것이 없다. 모든 도시나 마을에서는 일주일에 한 번 이상 시장이 선다. 판매되는 농산물의 품질은 보건 담당자가 관리한다. 아침 시장은 새벽에 시작해서 정오나 오후 1시쯤이면 파한다. 오후 시장은 오후 1시나 2시에 시작해서 오후 6시나 이보다 더 늦게 끝난다.

브뤼셀에만 100개 이상의 시장이 있다. 브뤼셀의 미디역 근처의 일요 시장, 그랑 플라스의 그림 같은 새와 꽃 시장, 쥬 드 발르 광장의 상설 벼룩시장, 또는 그랑 사블롱 광장의 주말 골동품 및 도서 시장 등을 방문해보자. 브뤼셀을 벗어나 토요일에는 안트베르펜의 골동품 시장, 일요일 아침에는 리에주의 골동품 시장La Batte, 통게른의 레이스 및 중고 의류 시장을 가보는 것도 좋다. 희귀한 중고책을 찾는다면 아르덴의 레두로 가보면 된다.

【은행】

은행 영업시간은 주중 오전 9시부터 오후 5시까지이다. 일부 은행은 일주일에 한두 번씩 늦게까지 영업하며, 토요일 오전에 문을 여는 곳도 있다. 그러나 이런 시간에 은행을 이용하려면 예약해야 한다. 작은 도시에서는 점심시간에 은행이 한 시간 정도 문을 닫을 수 있다. 공휴일이 주말이면 바로 다음 영업일에 은행이 쉴 때가 많다. 은행 영업시간 외에는 환전 키오스크, 대형 호텔, 여행사 등에서 환전 업무를 본다. 현금인출기/

ATM은 주요 도시와 국제 공항 곳곳에 설치되어 있고, 대부분 신용카드를 이용할 수 있다. 주요 신용카드는 ATM과 음식점, 상점에서 거의 다 사용할 수 있다.

교외

가장 인기 있는 운동은 자전거 타기와 걷기이다. 가족 전체가 함께 나온 모습을 볼 수 있는데, 플랑드르의 평탄한 교외 지역은 자전거 타기에 안성맞춤이고, 장거리 경로를 포함하여 자전거 도로망이 갖춰져 있어 안전하기 때문이다.

플랑드르에서는 자전거를 타는 휴가가 상당히 많으며, 투리스메 플란데런Toerisme Vlaanderen에서 패키지를 준비할 수 있다. 혼자 다니는 것을 좋아한다면 기차역에서 자전거를 빌리고 다른 역에 반납하면 된다(예약 필수). 브뤼셀 지역 공공 서비스에서는 단기간 자전거를 빌릴 수 있는 서비스를 제공한다. 아르덴에는 산악자전거 트랙이 표시되어 있으며 자전거 대여도 가능하다.

플랑드르 사람이 자전거 타기를 좋아한다면, 왈롱 사람은 걷기를 좋아한다. 보행로가 잘 갖춰져 있으며 표시도 명확하게 되어 있다. 아르덴에는 160km에 이르는 트랜스아데나즈Transardennaise 등의 장거리 보행로가 몇 개 있다. 하우테스파그네스 자연보호구역은 짧게 하이킹하기에 좋다. 일부 경로에는 잠을 잘 수 있는 오두막도 있다. 플랑드르 지역에서 하이킹하려면 자전거 도로를 따라 걸으면 된다(자전거가 지나가면 보행자가 길 양보). 현지 여행사에서 이 지역에 관한 정보를 얻고 지도를 구입할 수 있다. 벨기에 국립 지리연구소IGN에서는 하이킹 전용 지도를 제작한다.

이 외에 인기 있는 야외 활동은 승마, 암벽 등반, 카누, 카약, 수상 스키, 요트, 낚시(허가 필수) 등이다. 아르덴은 눈이 많이 내려 활강과 크로스컨트리 스키를 타려는 사람이 많이 찾는다. 기후를 생각하면 놀라울 정도로 나체주의도 인기 있다.

스포츠

벨기에인은 사이클 경기에 진심이다. 그 덕분에 투르 드 프랑스에서 다섯 번이나 우승한 에디 먹스라는 위대한 스포츠 영웅이 탄생했다. 사이클 경기는 봄에서 여름 사이에 열린다. 가장 크게 교통을 멈추는(말 그대로다. 사이클 경기는 다른 교통수단보다 우선권이 있다) 경기는 드 고르델De Gordel(벨트라는 뜻)이다. 9월 첫 번째 일요일에 브뤼셀 외곽에서 열리는 이 대회는 그야말로 플랑드르의 자부심이다. 100km 코스를 자전거로 달려야 하지만, 참가자들은 걷거나 뛰기도 한다.

브뤼셀 20km 달리기 대회는 5월 마지막 일요일에 벨기에 수도 거리에서 열리는데, 보통 4만 명 정도가 참가한다.

킴 클리지스터와 쥐스틴 에냉이 2004년 세계 여성 테니스계의 정상에 오르면서 테니스도 붐이 일었다. 공공 테니스 코트가 있으며, 일부 민간 클럽은 주중 이용 특권을 비회원에게 적용하기도 한다.

피파 월드컵에서 붉은 악마가 그려진 붉은 재킷을 입은 벨기에 축구 팬

벨기에인은 축구에도 열광한다. 작은 도시에서는 광장에 대형 스

크린을 설치하고 경기를 생중계한다. 2018년에 벨기에 국가대표팀인 붉은 악마가 러시아 월드컵 준결승전에 진출했고, 유럽 챔피언십에도 다섯 번 진출했다. 가장 유명한 국내 축구팀은 연고지가 브뤼셀인 RSC 안더레흐트이다. 다른 상위 팀에는 클럽 브뤼헤, 스탕다르 리에주가 있다.

왈롱브라방주 작은 도시의 거리에서는 전통 구기 경기balle pelote를 하는 모습을 볼 수 있다.

벨기에에서는 18세기 후반부터 비둘기 경주를 즐겼으며, 요즘도 팬이 많다. 비둘기 경주의 국제 협회는 브뤼셀에 있다.

07

여행 이모저모

벨기에를 여행할 때 절대 지도 없이 여행해서는 안 된다. 주요 도시는 프랑스어와 플랑드르어가 같이 표기되어 있다. 언어적 경계를 넘지만 않으면 이는 큰 문제가 되지 않는다. 브뤼셀의 경우 교통 표지판은 두 언어로 표시되어 있지만, 브뤼셀을 벗어나면 각 지방이 사용하는 언어로 표시되는데, 다른 언어권으로 안내할 때도 그렇다.

6363

신뢰할 수 있고 저렴하며 광범위한 지역에서 운영되는 대중교통망 덕분에 기차, 트램, 버스로 이동하기란 매우 쉽다. 다만 정부가 자동차 이용률을 낮추려 하므로, 브뤼셀의 자가용 운전자는 여러 불이익을 받을 수 있다.

기차

벨기에는 유럽에서 최초로 전국 철도망을 건설한 나라이다. 그리고 기차는 지금까지도 가장 많이 이용되는 교통수단이다. 벨기에 철도 시스템의 효율성은 벨기에 국민이 고향을 벗어나지 않아도 되도록 만든 정책 덕분이다. 철도 건설 당시 가톨릭 성향이 강한 정부는 국민이 고향을 떠나 다른 도시로 이주하여 노동조합의 영향으로 사회주의를 받아들이거나 도시의 매력에 빠지지 않게 만들고자 했다. 따라서 도시가 고용의 중심지로 거침없이 성장함에 따라 복잡한 철도 연결망을 건설했고, 거의 모든 사람이 출퇴근할 수 있게 만들었다.

철도는 타원 안에 파란색과 흰색으로 쓰인 'B'를 로고로 사용하는 SNCB/NMBS가 운영한다. SNCB는 다양한 할인

리에주 주요 기차역 내부

승차권과 특별 할인 혜택으로 상대적으로 저렴하게 이용할 수 있다. 주말과 문화 전시를 결합한 승차권이나 가족용 승차권도 있다. 승차권은 기차역이나 온라인으로 구할 수 있다. 또한 기차에 타서 구매할 수도 있는데, 이 경우에는 추가 요금을 내야 한다.

완행 및 고속 열차 모두 웬만한 대도시에 정차한다. 완행열차[stoptrein]는 매우 느릴 수 있다. 도시 간[IC] 열차는 주요 역에만 서고, 지역 간[IR] 열차도 일부 중간 기착지에만 정차한다. 지역[L] 열차는 모든 역에 정차하며, 피크 시간[P] 통근 열차는 지정된 역에만 선다. 모든 주요 역에서 열차의 출발 및 도착 시간을 표시한다. 모든 IC, IR 열차는 30분마다 혹은 매시간마다 똑같은 시간 간격으로 운행한다. 모든 열차는 금연이다. 6세 미만의 아동은 무료로 탑승할 수 있다.

【 유럽에서 출퇴근하는 직장인 】

고속 대중교통에 막대한 투자를 한 덕분에 이제는 브뤼셀에서 파리, 암스테르담, 쾰른까지 탈리스 열차를 타고 갈 수 있다. 이런 고속 열차는 벨기에, 프랑스, 네덜란드, 독일의 주요 도시에 정차한다. 런던을 잇는 유로스타까지 더하여 브뤼셀은 유럽 고속 철도 여행의 허브가 되었다. 매주 금요일 밤이면 수천 명의 직장인이 런던, 파리, 암스테르담 등 자기 도시로 돌아가 주말을 보낸다. 이렇게 브뤼셀에서 취업하고 유럽 각지에서 출퇴근하는 직장인의 수는 점점 늘어날 것으로 보인다.

버스, 지하철, 트램

앞서 살펴본 것처럼 도시에서 자동차를 이용하는 데는 한계가 있다. 그래도 벨기에인 대부분은 자가용을 소유한다. 자가용이 아예 없는 가구는 11%에 불과하다. 그런데 자가용 소유는 지방자치단체마다 차이가 크게 난다. 예를 들어 브뤼셀의 생조스텐노드에서는 자가용을 보유하지 않은 가구 비율이 38%인데, 벡케부트에서는 3%밖에 되지 않는다.

버스 노선을 운영하는 것은 세 회사(De Lijn, TEC, STIB)이다. De Lijn은 플랑드르, TEC는 왈롱, STIB는 브뤼셀 수도권 버스 운행을 담당한다. 벨기에에서는 단거리 여행 시에만 버스를 타지만, 농촌 지역에서는 버스가 귀중한 교통수단이다. 또한 기차역에서 파생되는 다른 기차 노선을 연결하며 기차 운행을 보조한다.

브뤼셀 도심 대중교통은 STIB/MIVB가 운영한다. 주중에는 오전 다섯 시 반부터 자정까지 운행하며, 주말과 공휴일에는 운행 편수가 줄어든다. 모든 지하철, 버스, 트램 노선도는 브뤼셀 관광청이나 STIB/MIVB 안내사무소에서 구할 수 있다.

브뤼셀에서 이동하기에는 지하철을 이용하는 것이 가장 좋다. 지하철은 현대적이며 효율적이고 역사도 매우 깔끔하다. 각 역의 이름은 프랑스어와 네덜란드어로 표기되어 있으며, 현대 벨기에 예술 작품으로 장식되어 있다. 지하철 노선은 총 세 개로, 브뤼셀 대부분 지역을 연결한다. 그리고 지하철 노선을 보완하는 두 개의 트램 노선이 연결되어 있는데, 일부 구간에서 지하로 운행한다. 그래서 역 밖으로 나가지 않아도 지하철에서 연결된 트램 노선으로 갈아탈 수 있다. 그냥 다른 플랫폼에서 다른 차량에 올라타면 된다. 지하철역 입구에는 파란색 배경에 흰색으로 'M'이 쓰여 있다. 색상 안내 표지는 여행자도 쉽게 길을 찾을 수 있도록 한다.

브뤼셀의 경치를 즐기며 여유 있게 돌아다니고 싶거나 교외로 나가고 싶다면 트램을 이용하면 된다. 일부 노선은 교외까지 멀리 운행하기도 한다. 트램과 버스 정류장은 빨간색과 흰색 표지판으로 표시되어 있다.

브뤼셀 안에서 이동할 때는 다양한 대중교통을 이용할 수 있는 충전식 MOBIB 카드를 사서 쓸 수도 있다. 1일 여행 또는 기차와 브뤼셀 대중교통수단을 결합한 네 종류의 종이 승차권도 사용할 수 있다. 각 승차권은 어느 방향으로든 한 시간 동안 무제한으로 갈아탈 수 있다. 승차권 사용 시에는 역에 들어가거나 갈아탈 때 승차권을 기계에 삽입하거나 앞에서 스캔하여 탑승일이 찍히도록 해야 한다(버스와 트램에는 차 안에 이런 기계가 있다). 검표를 자주 하는 것은 아니지만, 유효한 승차권을 소지하지 않을 시에는 벌금을 많이 내야 한다.

안트베르펜과 헨트에는 트램이 잘 갖춰져 있다. 다른 도시에서는 버스를 이용한다. 플랑드르 교통 당국인 De Lijn은 해안을 따라 달리는 해안 트램[Kusttram]을 운행한다. 이 트램을 타면 기차로는 갈 수 없는 리조트에 갈 수 있으며, 드판에서 크노케까지 68개의 정류장이 있다.

대중교통 정보는 벨기에트래블인포(belgiumtravel.info)를 참조하면 된다. 여기에서는 지역별(브뤼셀, 플랑드르, 왈롱)로 다양한 이동 옵션, 승차권, 이용 방법을 제공한다.

택시

벨기에 택시요금은 유럽에서도 가장 비싸며, 기본요금에 km당 요금을 합친 고정 요금제를 적용한다. 요금은 시 경계를 넘어가면 두 배가 되며, 오후 10시 이후에는 할증 요금이 붙는다.

운전사 옆에 설치된 미터기 화면에 요금이 표시되는데, 요금 체계를 설명하는 카드도 함께 볼 수 있다. 택시에 타기 전에 꼭 미터기를 확인하도록 하자. 운전사가 미터기가 고장 났다고 말하면 다른 택시를 타는 것이 좋다. 세금과 팁은 미터기에 표시된 가격에 포함되어 있으며 추가 서비스 요금을 요구하는 경우 무시하면 된다. 브뤼셀 시내에서 짧은 거리를 이동하는 경우를 제외하고 대부분 택시 운전사가 GPS를 활용하여 목적지까지 운행한다.

특히 브뤼셀 내, 주변을 돌아다닐 때는 우버도 많이 사용한다. 우버 운전사로 등록한 사람만 약 2,000명이다. 우버 서비스는 플랑드르 지역에서도 이용할 수 있다. 그러나 브뤼셀에서는 택시를 더 많이 탄다.

벨기에 도시 간, 벨기에와 네덜란드, 독일, 프랑스 간의 장거리 이동 시에는 카풀과 차량 공유도 많이 한다.

보트

벨기에에는 배가 다닐 수 있는 수로가 대규모로 발달했다. 길이만 2,000km가 넘고, 이 중 1,500km가 상업용으로 사용된다. 도로와 기차 정체로 화물 운송 시 운하를 다시 사용하게 되었는데, 특히나 바지선은 트럭보다 훨씬 더 많은 물량을 옮길 수 있다. 벨기에는 유럽 내륙의 수로 용량을 증대하는 오랜 역사의 EU 프로그램에 가입되어 있다. 이런 수로는 관광용으로도 활용된다. 여름에는 뫼즈강과 서플랑드르 및 에노의 운하와 강을 따라 보트를 운행한다. 브뤼주와 헨트에서도 소형 모터보트로 운하를 건너는 투어를 운영한다.

운전

벨기에는 장점이 참 많지만, 벨기에 운전자는 절대 장점으로 꼽을 수가 없다. 운전 속도도 빠르고 성미가 급하며 폭력적인 경우도 있다. 사실, 벨기에에서 운전면허 시험이 도입된 것은 1967년 이후이다. 그 전까지는 지방자치단체에 가서 수수료를 내고 자신이 운전할 능력이 있음을 당국이 믿게 하면 충분했다. 오늘날에는 운전자 교육이 더 엄격하게 이루어지지만, 교육을 받았음에도 규칙을 위반하는 것은 묘하게도 예나 지금

운하 네트워크를 활용하여 바지선으로 상품을 운송하는 경우가 많아지고 있다.

이나 변함이 없다. 2021년 1월에 브뤼셀시는 일부 주요 도로만 시속 50km로 제한이 유지되는 경우를 제외하고 유럽 최대의 속도 제한 구역(시속 30km, 기본 제한 속도)을 도입했다. 이런 예외는 도로 표지판에도 명확히 표시되어 있으며, 속도 제한을 지키지 않는 운전자는 벌금을 내야 한다.

【 알코올 섭취 】

혈중알코올농도 제한은 직업 운전자가 아닌 경우 0.05%(혈액 1리터당 0.5g, 호흡 1리터당 0.22mg)이다. 경찰이 차를 멈춰 세웠을 경우 음주 측정기를 불기 전에 15분을 달라고 요구할 수 있다. 음주 측정은 보통 경찰차에서 이뤄지며, 교통사고가 났을 경우 모든 관련자가 검사를 받아야 한다. 더 자세한 혈액 검사는 병원에서 이뤄진다. 1995년 벨기에 도로안전국은 '음주운전에 반대하는 밥 캠페인'을 벌여 축제 기간에 집에 데려다줄 운전자(비음주자)를 지정하도록 했다.

【 약물 복용 】

경찰이 운전자의 약물 복용을 의심할 경우, 운전자에게 타액 검사를 요구할 수 있다. 음주 측정과는 달리 타액 검사에는 법적 제한이 없다. 체내에서 검출된 것만으로도 기소가 될 수 있다. 타액 검사에서 양성 반응이 나오면 병원에서 혈액 검사를 받아야 한다. 운전자가 타액 검사를 거부하면 자동으로 벌금이 부과되며 12시간 운전 금지 명령을 받게 된다.

【 위험 요소, 운전 및 기타 주의 사항 】

벨기에의 도시는 혼잡하고 일방통행로가 많다. 항상 온라인이나 오프라인 지도를 소지하는 것이 좋다. 도로 표지판이 없거나 제대로 설치되지 않은 경우가 많기 때문이다. 덕분에 벨기에 운전자는 유턴 기술을 몸에 익히게 됐다. 교통경찰이 주정차를 단속하더라도 길거리 주차가 빈번하다. 승객이 인도가 아닌 도로에 내리는 일도 잦으며, 교차로에서 차량이 우회전할 시 자전거 전용 차선을 침범하는 경우가 있어 자전거와 충돌할 위험도 크다. 그리고 트램이 자동차에 우선한다.

게다가 악명 높은 오른쪽 양보도 있다. 이 관습 때문에 주요 도로를 달리는 자동차의 오른쪽 골목에서 자동차가 고속으로 달려오는 일이 생기지만, 언제나 그런 것은 아니다! 흰색 테두리가 있는 주황색과 노란색 다이아몬드 모양의 표지판은 주요 도로가 우선한다는 것을 의미한다. 그런데 더 혼란스러운 것은 최근까지도 이 오른쪽 양보가 로터리에도 적용되었다는 점이다. 따라서 로터리를 도는 차량이 새로 진입하는 차량에 양보해야 했다. 이는 당연하게도 대혼란으로 이어졌고, 이제는 반대 원칙이 적용되어 로터리를 도는 차량에 우선권이 있다.

사고가 났을 때 EU 전체적으로 구급차는 100번, 경찰은 101번이나 112번으로 전화하면 된다. 많은 외국 운전면허가 벨기에에서 통용되지만, 국제운전면허증을 소지하는 것이 좋다. 그리고 최소한 대인/대물 보장이 되는 자동차 보험을 들어놓자. 자가용으로 벨기에에 갈 경우, 해외에서 이미 등록을 마쳤어도 벨기에에서 차량 등록을 해야 한다. 해외에서 등록된 차량을 빌린 경우라면 한 달간 제한 없이 사용할 수 있다. 외국에서 차량을 들여오는 경우, 원본 차량 등록 문서, 보험 증명서, 벨기에 거주 증명서 등이 필요하다. 그리고 규정 준수 증명서와 차량의 도로 주행 안정성 증명서를 신청해야 한다.

차가 고장 난 경우를 대비하여 빨간색 경고 삼각형을 가지고 다녀야 하고, 실제 고장이 나면 이를 내걸어야 한다. 24시간 응급 대응 서비스를 제공하는 두 기관Touring Club de Belgique, Royal Automobile Club de Belgique이 있는데, 회원이 아니면 추가 요금을 내야 한다.

차를 렌트하려면 21세 이상이어야 하며 현재의 운전면허로 1년 이상 운전한 경력이 있어야 한다. 25세 미만 운전자의 경우 추가 요금이 붙는다. 렌트 시 유럽 또는 국제 운전면허가 필수이다. 렌트 요금은 비싼 편이지만, 요금에 기본 보험료가 포함되어 있다. 모든 렌트카 업체에서 300~800유로의 보증금을 요구하는데, 이는 차량 종류나 렌트 기간에 따라 달라진다.

주말이나 늦은 밤에는 주유소가 문을 닫은 것처럼 보이겠지만, 주유기를 사용하고 직불카드로 결제할 수 있다.

【지명】

벨기에를 여행할 때 절대 지도 없이 여행해서는 안 된다. 주요 도시는 앙베르/안트베르펜, 브루셀/브뤼셀, 강/겐트(헨트), 나뮈르/나먼 등과 같이 프랑스어와 플랑드르어가 같이 표기되어 있다. 언어적 경계를 넘지만 않으면 이는 큰 문제가 되지 않는다. 브뤼셀의 경우 교통 표지판은 두 언어로 표시되어 있지만, 브뤼셀을 벗어나면 각 지방이 사용하는 언어로 표시되는데, 다른 언어권으로 안내할 때도 그렇다.

도시와 주의 이름이 같아 혼동이 생기는 일도 있다(안트베르펜, 리에주, 나뮈르). 또한 룩셈부르크는 벨기에의 주를 의미하기도 하지만 이웃한 대공국의 이름이기도 하다. 그러니 맥락을 잘 살펴서 혼동하지 않도록 주의하자.

자전거와 스쿠터 타기

플랑드르 지역 대부분의 도시는 자전거를 타기에 매우 좋다. 헨트에는 자전거 전용 도로가 거의 모든 곳에 설치되어 있다. 왈롱 지역의 주요 도시는 플랑드르보다 자전거 친화적이지 않으며 브뤼셀에서 자전거를 타면 택시 운전사, 자갈길, 트램 선로 때문에 위험할 수 있다. 브뤼셀의 자전거 도로는 대체로 외곽 지역에 있으며 빨간색으로 칠해져 있고 흰색 선이 있다. 안트베르펜의 자동차 운전자는 조금 더 관대한 편이라 자전거 도로가 많이 없는 곳인데도 안전하게 자전거를 타고 다닐 수 있다. 도시에서 벗어나면 도로는 자전거를 타기에 적합하지 않다. 그렇지만 브뤼주 인근, 해안가, 아르덴의 조용한 도로는 상대적으로 안전하다.

벨기에에서는 자전거 도난이 매우 흔하며 경찰도 자전거

도난 사건을 다 처리할 만큼의 여력이 되지 않는다. 그러니 자전거 도난 방지를 위해 잠금장치를 사용하는 등 필요한 조치를 하도록 하자. 자전거를 도난당했다면 현지 경찰서에 신고한다. 플랑드르나 브뤼셀에서 사건이 발생했다면 회수된 자전거를 안내하는 전용 웹사이트(gevondenfietsen.be)에서 찾아보거나 지역 판매 웹사이트를 검색해볼 수 있다. 안트베르펜 시의회에서는 안전하게 무료로 자전거를 주차할 수 있는 공간gratis bewaakte fietsenstallingen을 설치했다.

브뤼셀의 대여 자전거

요즘은 대부분 도시에서 전기 스쿠터가 많은 인기를 얻고 있다. 브뤼셀에서는 자전거 대여만큼 전기 스쿠터 공유도 활발하다. 제한 속도(시속 25km)만 지키면 도로에서 전기 스쿠터를 타는 일은 합법이다. 인도에서도 탈 수 있는데, 이때 속도가 보행 속도보다 빠르면 안 된다. 헬멧 착용이 의무는 아니지만, 착용하는 것이 훨씬 좋다.

도보

브뤼셀에는 걸어 다니기에 매력적인 곳이 많다. 대표적인 곳이 드 브루케와 부르스 트램 정류장 사이의 가로수길이다. 브뤼셀에는 자갈길이 여전히 남아 있어 그림 같지만, 걷기에 편하지는 않다. 게다가 바닥이 고르지 않은 인도도 많다.

벨기에인의 규율을 지키지 않는 습성은 주차에서 특히 잘 나타난다. 보행자의 경우 건널목(파란색 삼각형)을 건널 때 그런 모습이 보인다. 건널목이 안전지대라는 생각은 하지 않는 것이 좋다. 신호등에 '녹색 사람' 표시가 나타나더라도 코너에서 차량이 진입하여 길을 건너려는 사람 쪽으로 올 수 있다. 법적으로는 운전자가 건널목 앞에서 속도를 줄이거나 정차해야 하지만, 실제로는 운전자의 미소보다 분노에 찬 시선을 받을 확률이 높다.

숙소

벨기에 호텔은 비싸고 호화로운 곳부터 저렴하고 단순한 곳까지 다양하며, 장기 투숙객에게 할인을 제공하는 곳도 있다. 벨기에 관광객 예약 서비스[BTR]에는 공인 호텔과 숙박료가 제시되어 있다. 또한 벨기에 관광청, 부킹닷컴, 에어비앤비 등으로 전국 호텔을 예약할 수 있다. 벨기에는 호텔이나 게스트하우스 분류에 베네룩스 기준을 적용하며, 관계 부처로부터 허가를 받아 운영한다. 등급은 1성부터 5성까지로 구분되며, 위치나 숙박료보다는 제공하는 시설을 기준으로 한다.

도심에서 멀거나 엘리베이터가 없는 타운 하우스의 2층인 경우가 많지만, B&B(공유 숙박 서비스. 프랑스어로 chambres d'hôtes, 네덜란드어로는 gastenkamers)도 최근 들어 인기가 급증하고 있다. 플랫호텔 또는 레지던스라고 불리는 주거형 아파트 호텔은 주나 월 단위로 요금을 내며, 단기간 거주하기에 좋다. 교외에서는 게스트하우스나 아파트를 'landelijke verblijven/gîtes ruraux'라고 하며, 농장에 딸린 경우가 많다. 또는 농가에서 가족 전체가 머물 수도 있다. 이는 현지인을 사귀는 좋은 방법이기도 하다.

벨기에에는 국제 유스호스텔 연맹에 등록된 유스호스텔이 상당히 많다. 이런 유스호스텔은 플랑드르와 왈롱 지역을 담당하는 두 기관에서 운영하고 있으며 해당 기관은 브뤼셀에 사무실을 두고 있다. 더 멀리 떨어진 왈롱의 농촌에서는 'gîtes d'étapes'라는 숙박 시설을 경험할 수도 있다. 이런 숙소는 단체를 대상으로 하며 주방 시설이 딸린 기숙사 형태를 하고 있다.

캠핑은 벨기에에서 매우 인기 있는 활동으로, 갈 수 있는 캠프장도 수백 곳에 이른다. 호텔과 비슷한 방식으로 등급이 매겨지므로 시설에 따라 1성에서 5성까지 나뉜다.

장기 거주용 주택을 임대하려면 'immo'로 시작하는 신뢰할 만한 웹사이트를 참고할 수 있다(immoweb.be, immovlan.be). 임대 계약 시 임대료 외에도 대체로 두 달간의 임대료를 보증금으로 낸다. 은행 보증이나 임대 보증을 활용하는 것이 보통이다. 임대 보증 시 은행이 언제나 포함되며, 보증금은 봉쇄계좌에 입금한다. 이 보증금은 나중에 임대인과 임차인 모두가 서명할 시에 돌려받을 수 있다.

건강

EU 시민은 브뤼셀에 방문하기 전에 자기 나라에서 유럽 건강보험증EHIC을 발급받아야 한다. 작은 파란색 건강보험증은 EU 전체에서 사용할 수 있으며 건강보험 혜택을 받을 수 있음을 증명한다. EU 외 지역에서 오는 여행객은 여행자 보험을 드는 것이 좋다. 사고가 났거나 구급차가 필요한 상황이면 112로 전화한다. 이 번호는 연중무휴 운영되며 전화 응답자가 영어를 할 가능성이 크다. 벨기에 병원에서는 진료 전이나 후에 진료비를 수납할 수 있다. 그리고 보험 보장 내용에 따라 환급받을 수도 있다. 2019년 1월 이래로 구급차 출동 수수료가 보험 보장 범위와 관계없이 60유로로 고정되었다.

응급 치과 치료를 받아야 한다면 전화(02-426-1026)로 '당직 치과의사' 서비스를 이용할 수 있다. 여기서는 저녁이나 주말에 당직을 서는 치과의사를 알려준다.

【약국】

벨기에 약국의 대부분은 정해진 영업시간에만 영업한다. '당직 약사'를 알아볼 수 있는 전화번호(0903-99-000)가 있다. 의약품에 따라 비용을 환급받을 수도 있다. 보통 처방약 비용은 약을 받을 때 결제하며, 환급을 위해 영수증을 발급한다. 대도시나 관광지 약국의 약사는 영어를 할 수 있으며, 아무리 작은 약국이어도 프랑스어와 네덜란드어 이외에도 영어나 독일어를 하는 사람이 있다.

【 의사 진료 】

응급 상황이 아닌데 의사에게 진료를 받으려면 예약을 해야 해서 다소 어려움이 있을 수 있다. 대부분 가정의는 정해진 요일에 근무하고 소속 의료기관에서 가능한 예약 일정을 알려준다. 응급 상황인데 구급차가 필요 없다면 전화로 병원에 연락하거나 택시를 타고 병원에 가면 된다. 어떤 의료 지원을 받아야 할지 잘 모르겠다면 1733번으로 전화하여 '당직 의사'에게 물어보면 된다. 벨기에에는 228개 이상의 병원이 있으며, 이 중 11개의 공공 병원이 브뤼셀에 있다. 흥미롭게도 약국이 병원 내에 있는 일은 많지 않다. 그래서 병원에 가서 처방받은 약을 구매하기가 훨씬 어렵다.

안전

벨기에는 여행하기에 대체로 안전하고 세계평화지수GPI에 따르면 19번째로 안전한 국가이다. 범죄율이 낮으며, 여행객이 주의해야 할 점은 교통사고일 것이다. 그리고 인적이 드문 브뤼셀 주요 기차역의 통로와 그랑 플라스 주변에 관광객이 많이 몰리는 뒷골목 등에서는 소매치기를 조심해야 한다. 또한, 거리 공연자들이 공연료를 달라고 집요하게 조를 수 있으며, 지하철과 거리에서 구걸하는 사람도 있다는 점을 염두에 두면 좋다.

【신분증】

모든 벨기에인은 12세가 되면 신분증을 갖는다. 15세 이상의 외국인 거주자도 거주하는 지방자치단체에서 발급한 신분증을 소지한다. 벨기에 거주 카드는 소지자의 국적에 따라 차이가 있다. EU 시민은 5년간 유효하며 'E'라고 되어 있는 임시 신분증을 받는다. 비EU 국가 시민은 마찬가지로 5년간 유효하지만 'F'라고 쓰인 임시 신분증을 받는다. 이런 신분증은 자신의 신분을 증명하는 용도로 사용된다. 예를 들어 교통사고가 났을 때, 벨기에인은 서로 신분증을 보여준다. 관광객은 여권이나 기타 신분증을 항상 소지해야 한다.

벨기에에 3개월 이상 체류하려면 EU 내에서 이동했더라도 지방자치단체에 등록하고 거주 허가를 받아야 한다. EU와 비EU 시민에게는 다른 규정이 적용된다. 이와 관련해서는 자기 국가의 벨기에 대사관에 문의하면 된다.

【경찰】

벨기에 경찰을 만날 가능성이 가장 큰 활동은 운전이다. 1996년의 무능력과 부패에 대한 비판 여론이 높아지면서 벨기에 경찰은 2000~2001년에 구조조정을 거쳤다. 각 지역 경찰에서 신호등을 통제하며 주정차 규제를 시행하고, 연방 경찰은 식별이 없는 차량을 타고 고속도로를 순찰한다. 강도를 당하는 불상사가 발생했다면 가장 가까운 경찰서로 가서 신고해야 한다. 이때 보험금을 청구하는 데 필요한 서류를 받을 수 있다.

경찰 신고용 응급 전화번호는 101로, 전화 응답자가 영어를 할 가능성이 크다.

08

비즈니스 현황

벨기에인은 함께 비즈니스를 하는 상대방에 관해 알고 싶어 한다. 그러니 새로운 계약을 체결하기 위한 첫 미팅에서는 조심스러운 태도를 유지하고 친분을 쌓는 데 집중한다. 또한 초반의 한담이 길어져서 본격적인 미팅이나 협상에 들어가는 데 시간이 오래 걸리더라도 놀라지 말자. 이 모든 것은 벨기에 사업가가 사업 관계의 바탕이 되어야 한다고 보는 신뢰를 쌓기 위함이다.

오늘날 벨기에 경제는 많은 부문에서 크고 작은 기업이 있어 매우 다양하다. 유럽에서 벨기에가 차지하는 전략적인 위치와 오랫동안 교역 중심지로 있었던 역사 덕분에 벨기에 재계는 기회와 국제적 관점에 매우 많이 열려 있다. 아마도 많은 벨기에 기업이 해외 다국적 기업에 합병된 것도 이런 이유 때문일 것이다. 벨기에에서 20세기 초에 설립된 많은 기업이 이제는 벨기에 국익에 아주 일부(그나마 있는 경우)만 기여한다.

가족 기업과 다국적 기업

벨기에 국내외적으로 활발히 사업을 펼치는 기업이 많다. 직원 수 1,000명이 넘는 벨기에 기업의 70% 정도가 다국적 기업 소유이다. 이 중에는 세계적으로 유명한 기업도 많다.

가족 기업은 내수 경제의 중추로, 중소기업이 70% 이상을 차지한다. 가족 기업은 음식점과 초콜릿 공장부터 가구, 인테리어 디자인 상점, 수백 개의 양조장 중 일부 등 업종이 매우 다양하다. 소규모 가족 기업 부문은 중산층부라는 묘한 이름의 부처로부터 강력한 지원을 받는다.

벨기에 노동자

벨기에 노동자는 전 세계에서 가장 생산성이 높다. 주당 근로 시간은 38시간으로 정해져 있다. 그러나 기업은 요건에 맞게 근로 시간을 조정할 수 있다. 법정 공휴일은 12일이며, 벨기에인은 공과 사의 구별을 확실히 한다. 그래서 주말에 일거리를 집으로 가져가는 행위는 자포자기의 징조로 여겨진다.

또한 벨기에인은 직장에 매우 충실한 편이다. 직장에 만족하면 경기가 좋더라도 이직을 잘 하지 않는다. 이것이 노동 문화의 역동성 부족으로 보일 수 있지만, 직원의 이직이 계속되는 상황보다는 훨씬 안정성이 높음을 의미한다.

언어별 기관을 운영하는 까닭에 공공 부문의 규모가 크다. 특히 고위 기관으로 갈수록 임명에 소속 정당이 영향을 많이 미쳤으며, 부처에서 정치적인 이유로 한직에 발령 내는 일도 허다했다. 이런 행위를 근절하기 위한 법이 있지만, 아직까지 완전히 근절되지는 못했다.

노사관계는 대화를 바탕으로 한다. 전체 노동자의 60% 정도가 노동조합원이다. 노동조합, 고용주, 정부 간의 사회적 대화를 '벨기에식 타협의 화신'으로 부른다. 그리고 차이를 해소

하거나 완화하기 위해 높은 수준의 의견 일치를 필수로 생각한다. 그렇지만 브뤼셀 도심에서는 주말이면 노동조합의 집회를 어렵지 않게 볼 수 있다.

벨기에에서 취업하기

외국인이 벨기에에서 일자리를 찾기란 쉽지 않고, 브뤼셀과 나머지 지역과의 차이도 있다. 플랑드르에서 취업하려면 네덜란드어를 완벽하게 구사해야 하고, 왈롱에서는 프랑스어를 해야 한다. 그러나 브뤼셀의 상황은 사뭇 다르다. 한편으로는 도시의 안녕을 책임지는 많은 일(우편, 슈퍼마켓, 청소 등)을 벨기에인이 아닌 이민자가 한다. 그런 일자리에는 영어, 프랑스어 등 언어 능력이 필요 없기 때문이다. 그런데 벨기에 기업에서 블루칼라 직장이나 EU 기관에 취업하는 일은 절대 쉽지 않다. 벨기에에 있는 벨기에 기업에서는 뛰어난 학력과 전문적인 배경을 갖춰야 함은 물론 영어, 프랑스어, 네덜란드어를 잘해야 한다.

EU 기관에 취업하는 일은 더욱더 힘들다. 경쟁률이 매우 높기 때문이다. 또한 우수한 학력 외에도 여러 언어를 잘해야 한다. EU의 채용 절차는 관련 채용 기관에서 진행한다. 그러나 몇 개의 학위와 언어 구사 능력을 갖추고 재능이 있는 많은 구직자가 EU에서 일하려고 몰리는 바람에 브뤼셀은 직업은 없지만 재능과 높은 능력을 갖춘 전문 인력이 많은 도시가 되었다.

벨기에나 국제기구 관련 채용 공고는 소셜미디어 플랫폼이나 채용 웹사이트(eurobrussels.com, euractiv.com) 등에 온라인으로 게시된다. EU 채용 공고는 EU 채용 웹사이트에 올라온다.

비즈니스와 여성

벨기에에서 기업을 이끄는 여성의 수는 2015년부터 2020년 사이에 12.4% 증가했다. 왈롱과 브뤼셀에서 자영업을 하는 여성은 약 14만 8,000명이다. 공식적으로 여성 고용 여건이 더 나아지기는 했지만, 여전히 기업 이사회에는 여성보다 남성의 수가 두 배 정도 많다. 그렇지만 국제적인 도시일수록 외국인 여성 사업가가 환영받는다. 이런 여성 사업가를 옛날식으로 정중하게 대하는 경우가 많은데, 외국인 여성이 성별과 관계없이 동료를 저녁 식사에 초대하고 밥값을 내는 일도 많다.

그러나 직장 내 성희롱은 법으로 금지된다.

경영 스타일

벨기에 경영진의 리더십 스타일은 비중은 다르지만 권위적(그렇다고 독재는 아님)인 스타일과 토의형 또는 민주적인 스타일이 혼합되어 있다. 그러나 늘 그렇듯이 플랑드르와 왈롱의 차이도 있다. 이런 차이를 일반화하기엔 어렵기 때문이다. 왈롱 지역의 관리자는 형식적인 조직과 경영진이 아래로 명확하게 지시하는 수직적인 기업 구조 및 체계를 선호하며 직함과 직급에 민감하다. 그래서 사람들은 자신이 회사에서 어느 위치에 있는지를 잘 알고 있다. 반면 플랑드르에서는 지역의 경치처럼 기업 구조가 수평적이지만 그렇다고 완전히 수평적이지는 않다. 직장에서는 참여형 경영, 의견 일치, 책임 분산 등을 중요하게 여기며, 경영 스타일은 개인의 재량에 많이 맡기는 편이다.

비즈니스 미니 가이드

이제부터 이야기할 내용은 특히 벨기에 기업 문화에 해당한다. 다국적 기업의 문화는 국제적이기 때문이다.

항상 벨기에의 이중(또는 삼중) 문화를 염두에 두고 각 문화에 개별적으로 접근해야 한다는 것이 기본 원칙이다. 같이 대화하거나 일하는 사람에 관한 점을 찾아보면 실수하는 일이 줄어들 것이다. 또한 벨기에는 작은 나라라는 점을 명심하자. 특정 업계에 종사하는 사람이라면 다른 사람(적어도 같은 언어권인 경우)을 다 알 수 있으므로 세심함이 중요하다.

벨기에인은 함께 비즈니스를 하는 상대방에 관해 알고 싶어 한다. 그러니 새로운 계약을 체결하기 위한 첫 미팅에서는 조심스러운 태도를 유지하고 친분을 쌓는 데 집중한다. 또한 같은 이유로 초반의 한담이 길어져서 본격적인 미팅이나 협상에 들어가는 데 시간이 오래 걸리더라도 놀라지 말자. 이 모든 것은 벨기에 사업가가 사업 관계의 바탕이 되어야 한다고 보는 신뢰를 쌓기 위함이다.

【 연락과 약속 정하기 】

예고 없이 찾아가는 일은 없도록 한다. 자신과 자기 회사를 소개하고 약속을 잡기 위해 적어도 일주일 전에 서면이나 전화로 연락한다. 미팅 1~2일 전에 전화, 팩스, 이메일 등으로 약속을 재확인한다.

【 시간에 주의하라! 】

네덜란드어로 30분은 언제나 해당 시간의 30분 후가 아닌, 전을 의미한다. 예를 들어 'half negen'은 9시 30분이 아니라 8시 30분을 말한다. 그러니 '9시 30분'을 이야기하는 거라면 절대로 'half negen'이라고 말해선 안 된다. 그러면 플랑드르인 미팅 상대방이 오전 8시 반에 약속 장소에 나올 것이고, 여러분이 9시 반에 도착할 때면 이미 자리에서 떠났거나 다른 일을 하고 있을 수 있다.

약속 시간을 잘 지킨다. 이건 예외가 없다. 벨기에인, 특히 왈롱 지역 사람은 '라틴' 특성이 있을 수 있지만, 약속 시간에 늦는 일은 없다. 그렇다고 너무 일찍 도착하지도 말자. 칭찬받을 만큼 의욕적이라기보다 다른 직원까지 일찍 나오게 하려 한다고 느끼게 할 수 있다.

경영진은 직원보다 늦게 출근하는 편이다. 직급이 높은 사람을 오전이나 오후 업무 시간 중에 보게 되면 십중팔구는 미팅이 있을 것이다. 아침 식사를 하며 미팅을 할 것이라고 생각하지 않는 편이 좋다!

【언어】

벨기에 어디에서든 언어적 분할을 이해하는 것이 비즈니스 관계의 기초이다. 무엇보다 다른 언어로 말하거나 문서를 작성하지 않도록 한다! 프랑스어권에서는 플라망어를 사용해서는 안 되고(모욕당했다고 생각할 것이다), 왈롱 지역에서는 네덜란드어나 벨기에식 독일어를 쓰면 안 된다(말을 이해하지 못할 수 있다). 다행히 영어(비즈니스에서 점점 공용어로 자리 잡음)가 있지만, 모두가 영어로 말하는 것을 좋아할 거라고 생각하지는 말자.

【드레스 코드】

전반적으로 벨기에인은 옷을 보수적으로 입는다. 비즈니스 미팅에서, 특히 고객을 처음 만나는 자리에서는 상당히 형식적인 옷을 입어야 한다. 즉, 남성은 정장과 넥타이, 여성은 정장이나 정장 재킷에 바지나 치마를 입으면 된다. 복장으로 인상

• 어느 지역 기업일까? •

플랑드르 사람과 기업 이름이 누가 봐도 프랑스어일 때가 많고, 반대의 경우도 있다. 그렇지만 어느 지역 기업인지는 회사 이름 뒤에 붙는 글자를 보면 알 수 있다. 플랑드르 기업은 이름 뒤에 NV(Naamloze Vennootschap) 또는 BVBA(Besloten Vennootschap met Beperkte Aansprakelijkheid)가 온다. 왈롱 기업은 이름 뒤에 SA(Société anonyme) 또는 SPRL(Société privée à responsabilité limitée)이 붙는다. 브뤼셀에서 대부분 기업은 플라망어와 프랑스어 이름을 모두 쓴다.

이 어느 정도 결정될 수 있음을 인식한다. 과도하게 과시하는 것은 좋은 메시지를 주지 못한다. 적당히 우아하고 깔끔하면 된다.

【명함】

비즈니스 목적으로 사람을 만나면 명함을 준다. 영어로 된 비즈니스 카드면 충분하지만, 한 면에는 영어, 다른 면에는 프랑스어나 네덜란드어로 표시하면 더 좋은 인상을 줄 수 있다. 기혼 여성이라면 결혼 전과 후의 성을 모두 사용할 수 있다. 벨기에 여성은 결혼 후 성을 바꾸지 않는 편이다.

미팅

미팅을 시작할 때와 끝낼 때 참여자 모두와 악수하도록 한다. 그리고 누군가가 자신을 소개하면 이름을 다시 말해준다(또한 전화를 받을 때, "여보세요"라고만 답하고 이름을 밝히지 않는 행위는 무례하다고 여겨진다. 232페이지 참조).

사무실을 방문할 때는 그냥 무작정 찾아가지 않는다. 어떤 경우라도 그런 일이 가능하지는 않을 것이다. 경영진은 특히 프라이버시를 중시하고, 파티션이 없는 사무실은 거의 없기 때문이다.

미팅을 소집할 때는 미팅 의제를 참석자 모두에게 나눠주는 것이 효율적이다. 또한 미팅 의제에 집중하고 정시에 끝내도록 하려는 모습도 좋은 점수를 받을 것이다.

일반화하기에는 다소 무리가 있지만, 플랑드르 지역이 왈롱 지역보다 조금 더 형식을 갖추고 더 체계적이다. 상대방에게 명료하게 전달할 수 있는 사실과 수치를 모아 준비하도록 한다. 벨기에인은 주장하는 내용을 뒷받침하는 경험적 증거가 충분한 것을 좋아한다. 또한 제기되는 모든 문제에 관한 구체적인 아이디어와 실질적인 해법 도출에 관심을 둔다. 의견을 제시할 때는 상식선에서 하면 된다.

그러나 미팅 중에 휴대전화로 전화를 받느라(특히 전화를 거느라) 미팅을 중단해서는 안 된다.

프레젠테이션

발표 내용은 명료하고 전문적으로 전달한다. 유머를 가미하려고 하지 않는 편이 좋다. 제대로 전달되지 않을 가능성이 크기 때문이다. 시청각 자료를 활용하는 것도 좋다. 상대방은 친절하며 편안한 태도를 보이겠지만, 프레젠테이션 중간에 끼어들지는 않을 것이다. 프레젠테이션은 30분 미만으로 하고 이후에 질문을 받는다.

협상과 의사결정

벨기에 담당자는 충돌보다는 타협과 절충을 추구할 것이다. 어떤 벨기에인은 이 점이 네덜란드인과의 결정적 차이라고 말한다. 벨기에에서 차분한 협상 스타일, 인내, 양보할 자세만 갖춘다면 공격적이거나 주장하는 내용에서 물러서지 않았을 때보다 훨씬 더 많은 진전을 이룰 수 있을 것이다. 그렇지만 모든 관점을 고려하고 의견을 일치시킨다는 말은 그만큼 의사결정이 늦어질 수 있음을 의미한다.

플랑드르와 왈롱 지역에서 의사결정은 다른 방식으로 이뤄진다. 왈롱에서는 긴 토론을 거쳤음에도 미팅에 참여하지 않을 수 있는 가장 높은 사람이 최종 결정권자인 경우가 많다. 이보다 덜 수직적인 플랑드르에서는 의사결정권자와 합의에 도달하면 의사결정이 이뤄질 가능성이 크다.

【 비즈니스 오찬 】

벨기에에서 점심 식사는 비즈니스를, 저녁 식사는 순전히 친목 도모를 위한 자리이다. 벨기에 가정에 저녁 식사 초대를 받았다면, 벨기에인은 업무 시간이 끝나면 일 이야기는 전혀 하지 않는다는 점을 명심하자. 마찬가지로, 가능하면 집에 있는 벨기에인 비즈니스 파트너에게 비즈니스 문제로 전화하지 않도록 한다.

비즈니스 오찬은 언제나 중요하다. 미팅이나 사무실에서는 알지 못했던 점을 알게 될 수 있기 때문이다. 그렇지만 편안하고 신뢰하는 분위기에서 이야기를 나눈다 해서 무례한 언행을 하거나 부주의한 행동을 해서는 안 된다. 오찬을 성공적으로 마치면 거래가 성사될 가능성이 커진다.

영국이나 미국 기준에서 보면 이런 오찬은 매우 일찍 시작해서 오후 늦게까지 이어진다. 실제로 오전 11시 반부터 시작되는 모든 오전 미팅은 오찬 모임으로 보아야 하며, 이를 중심으로 하루 일정을 계획하는 것이 좋다.

오찬을 주관한다면 좌석을 예약하는 편이 좋다. 예약이 어렵다면, 점심시간에는 자리가 금방 만석이 된다는 점을 주의하고 미리 생각해둔 음식점에 오후 12시 반까지 도착하는 것이 좋다.

계약 및 후속 조치

벨기에에서 계약은 상세하고 복잡하므로, 팀에 변호사를 두는 것이 좋다. 그리고 계약서는 해당 지역의 언어로 작성한다. 브뤼셀에서는 국가 공식 언어 중에서 선택해야 할 경우가 있으며, 영어 번역본이 있는 경우도 있다.

비즈니스 관계는 계약을 체결하거나 벨기에를 떠나는 순간 끝나는 것이 아니다. 벨기에 고객이나 계약 상대방에게 모든 의사결정 사항을 계속 살펴볼 것이며 정해진 일정은 지키고 계속 연락할 것임을 알려주어야 한다. 귀국하는 대로 이런 내용을 재확인하고 시간을 내 미팅에 참여한 사람들에게 감사한다는 내용의 편지를 보내는 일은 훌륭한 전략임과 동시에 그만큼 비즈니스에 진지하게 임한다는 인상을 줄 수 있다. 또한 비즈니스 상대방과 계속 연락하는 방편으로 크리스마스카드나 신년 연하장을 보내는 것도 좋은 방법이다.

갈등 해결

계약서에 서명하면 미준수 시 페널티 조항과 함께 계약서의 구속력이 발생한다. 계약 사항의 위반이나 갈등이 생길 경우, 법률 자문을 구하는 것이 좋다. 벨기에인은 필요하다면 소송을 벌일 만반의 준비가 되어 있다.

직장에서 갈등이 생긴 경우 노동조합과 변호사가 관여하게 된다. 노동자는 자신의 권리와 선택지를 잘 알고 있으므로, 경영진은 문제가 더 커지기 전에 상황을 해결하는 것이 좋다.

EU 기관과의 미팅

앞서 브뤼셀에서는 EU 기관을 상대로 정치 및 비즈니스 로비가 많이 벌어진다고 말했다. 사실 로비는 그 자체로도 하나의 비즈니스가 되었다. EU가 확대되면서 로비스트에 대한 규제도 더욱 많아질 것으로 예상된다.

EU 기관 담당자를 만나는 경우, 기업인을 만날 때와는 사뭇 다른 경험을 하게 될 것이다. 만나고 싶은 사람에게 미리

브뤼셀의 유럽의회 건물 외관

연락하고, 약속을 전화나 이메일로 확인하는 것이 매우 중요하다. 어느 기관을 가더라도 건물 출입 시 출입증을 받고 보안 검색대를 통과할 것이다.

비즈니스 미팅과 마찬가지로 신속하고 진정성 있게 후속 조처를 하는 것이 중요하다. EU 담당자에게 미팅 후 일어난 진척 상황을 계속해서 알려준다.

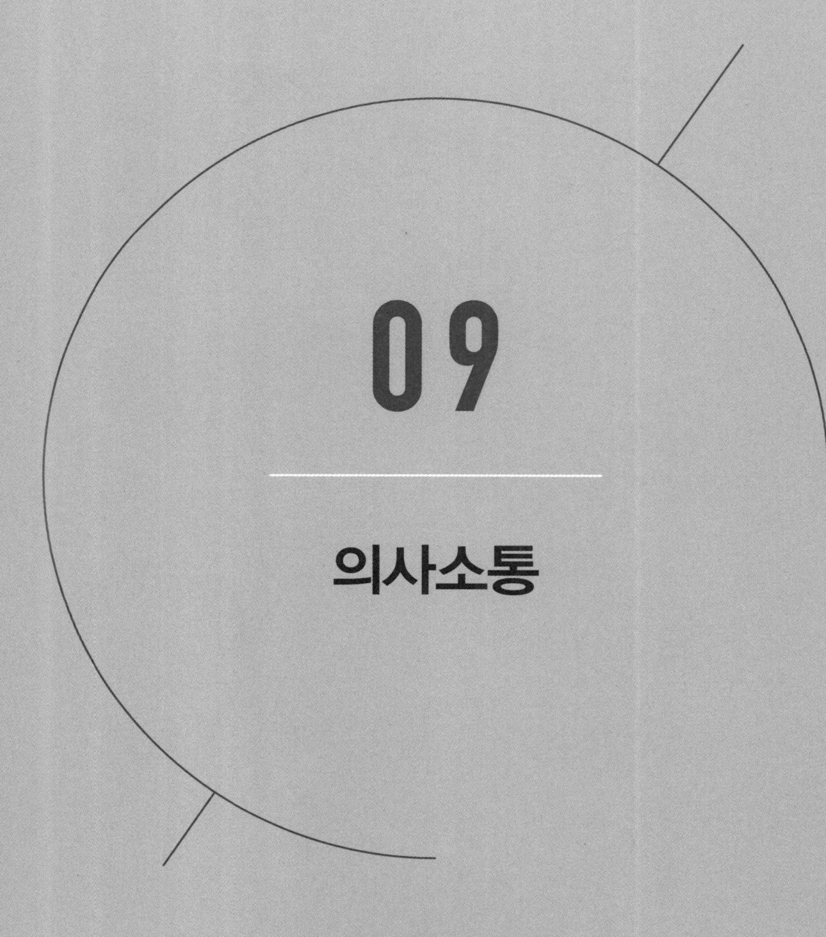

09

의사소통

벨기에인은 대화하기 편하고 친절하며 재미있지만, 이를 몸으로 표현하는 편은 아니다. 인사 외에 대화하는 상대방과 적절한 거리를 유지해야 하며 대화 시 상대방의 몸을 만지지 않아야 한다는 점을 기억하도록 한다. 안트베르펜에서는 이탈리아식 제스처와 과장된 몸짓을 많이 볼 수 있다. 다른 플랑드르 사람은 안트베르펜 사람이 시끄럽고 좀 독특하다고 생각한다.

어떤 언어로 말할 것인가?

몇 번이고 강조하지만, 벨기에인에게 '잘못된' 언어로 말하지 않도록 극도로 조심해야 한다. 즉, 프랑스어 사용자에게 플라망어로 말하거나, 플라망어 사용자에게 프랑스어로 말해선 안 된다는 것이다. 그런데 이렇게 하기가 까다로운 이유는 사람 이름만 보고 플랑드르 사람인지 왈롱 사람인지 판단하기 어렵기 때문이다. 잘 모르겠으면 상대방이 영어를 할 수 있는지 물어보자. 영어는 벨기에, 특히 브뤼셀과 플랑드르 지역에서 빠르게 공용어로 자리를 잡고 있다. 그렇지만 이런 '잘못된 언어 사용' 규칙은 관광객 센터와 안내소에서는 적용되지 않는다. 모두가 영어를 할 수 있기 때문이다. 국제 비즈니스에는 영어를 사용하며, EU도 기본 언어로 영어를 쓴다. 그렇지만 현지 기업에서는 네덜란드어나 프랑스어, 그리고 영어를 써야 한다.

편지

네덜란드어권과 프랑스어권 모두 말로 할 때보다 편지를 쓸 때

더 격식을 차린다. 영어로 글을 쓴다면 프랑스어나 네덜란드어로 쓸 때처럼 격식을 차린 표현을 쓸 수 없을 테니 최대한 정중하게 작성한다. 또한 편지를 받는 사람이 영어를 완벽하게 구사한다거나 완전히 초보자라고 지레짐작해서는 안 된다. 명료하고 간결하며 단순하게 쓰되 잘난 척하지 않도록 한다. 글은 얼굴을 직접 보고 의사소통하는 것보다 뉘앙스를 파악하기 훨씬 어려우므로, 자기가 잘 알고 영어를 잘하는 사람에게 편지를 쓰는 것이 아니라면 반어법이나 모호한 표현은 피하도록 한다.

이메일은 편지와 구어 의사소통의 중간쯤에 있다. 벨기에처럼 사내 관계가 상당히 수직적인 곳에서는 업무 시 이메일을 사용하는 것이 얼마나 격식을 차리는 일인가에 관해 놀랄 정도로 많은 토론이 벌어진다. 이메일을 쓴다면 올바른 언어를 사용하는 것은 물론, 어조에 주의하는 것이 핵심이다.

【호칭】

사람의 호칭으로 쓰이는 일반적인 약어는 프랑스어와 네덜란드어로 각각 M./Meneer[Mr.], Mme/Mevr.[Mrs.], Mlle/Mej.[Miss], 그리고 Mw.[Ms.]이다.

프랑스어와 네덜란드어 모두 격식에 따라 '당신'이라는 단어의 단수형과 복수형이 다르다. 네덜란드어로 '당신'은 u(단수형과 복수형 동일)로, 격식을 차리지 않는 상황이나 잘 모르는 사람을 부를 때 사용하기에 적합하다(그리고 가장 기억하기 쉽다). 항상 듣는 표현 중에는 dank u(감사합니다)와 alstublieft('~해주십시오'에 해당)가 있다. 격이 낮은 '당신'은 je(단수형)와 jullie(복수형)로, 얼마 전까지만 해도 가까운 가족과 친구, 아이들에게 사용했다. 그러나 요즘은 친구와 지인에게까지 더 광범위하게 쓴다. 어떤 사람이 자신을 이름으로 불러달라고 하면, 그 사람에게는 je를 사용할 수 있다.

프랑스어도 사용법은 비슷하다. 격이 낮은 단수형 표현인 tu를 사용할 수 있을 때까지는 vous(복수형, 격이 낮으면 단수형)를 사용한다. 이런 관습을 설명하는 표현으로 tutoyer(tu 사용)와 vousvoyer(vous 사용)가 있다.

직장에서 동료의 이름을 부르거나 친근하게 부르는 대명사를 사용하는 경우가 늘고 있지만, 나이나 직급의 차이가 크게 나거나 고객이나 공급업체처럼 '외부인'에게 말할 때는 잘 사용하지 않는다. 벨기에 지인을 부를 때 조금 더 친밀한 느낌의 단어를 사용하자는 이야기를 듣기 전까지는 일단 기다리는 것이 상책이다.

브뤼셀의 프랑스어 사용자는 격의 없는 표현을 가장 덜 사용하는 편인데, 이는 브뤼셀에서 전문가와 출장 온 사람을 만나는 일이 많기 때문일 것이다.

대면 만남

【인사】

벨기에인과 미팅을 하면 자신을 소개할 때뿐만 아니라 작별 인사를 할 때 등 악수를 많이 할 수 있다. 비즈니스 미팅에 도착하거나 미팅이 끝나고 돌아갈 때 참석자 모두와 악수해야 한다. 볼 키스는 서로 잘 아는 사이에서 많이 나누는 인사 방법으로, 브뤼셀에서는 직장 동료 간에도 아침에 볼 키스를 나눈다. 볼 키스의 횟수는 세 번 정도인데 사람마다 다를 수 있으므로 벨기에 지인이 어떻게 하는지를 보고 힌트를 얻으면 된다. 남성 간에는 보통 악수만 하며, 누군가의 등을 있는 힘껏 때리는 일은 좋지 않다고 여겨지니 하지 말도록 한다.

(동네 베이커리부터 루이 가의 고급 부티크까지) 작은 상점, 슈퍼마켓

계산대, 우체국 창구, 음식점 등에서 직원에게 인사를 건네면 예의 바르다는 인상을 준다. 들어갈 때는 "안녕하세요(프랑스어로 bonjour/bonsoir, 네덜란드어로 goede morgen/goede middag/goeden avond)"라고 말하고 나올 때는 "안녕히 계세요(프랑스어로 au revoir 또는 다시 bonjour, 네덜란드어로 goedendag 또는 그냥 dag)"라고 하면 된다. 단, 뒤에 무슈, 마담, 마드모아젤(네덜란드어: Meneer, Mevrouw, Mejuffrouw) 등의 호칭을 붙인다. 직원이 먼저 인사를 하는 경우가 많은데, 그러면 인사하기가 한결 편하다.

참고로 프랑스어로 마드모아젤은 이제는 잘 사용되지 않는다. 특히 전문적인 맥락에서 여성의 결혼 여부를 규정하는 것이 의미가 없다고 여겨지기 때문이다. 그러나 여자아이나 학생, 직급이 낮은 직원 등 높은 지위에 있지 않은 젊은 여성을 지칭할 때는 쓰이기도 한다.

플랑드르 사람은 네덜란드인보다 더 세심하게 부탁과 감사의 표현을 한다. 'alstublieft'라는 말을 많이 들을 텐데, 이 말은 '~해주십시오'라는 의미일 뿐만 아니라, 누군가가 고맙다고 했을 때 '천만에요'라는 표현으로도 쓰인다.

【 보디랭귀지 】

벨기에인은 대화하기 편하고 친절하며 재미있지만, 이를 몸으로 표현하는 편은 아니다. 인사 외에 대화하는 상대방과 적절한 거리를 유지해야 하며 대화 시 상대방의 몸을 만지지 않아야 한다는 점을 기억하도록 한다. 안트베르펜에서는 이탈리아식 제스처와 과장된 몸짓을 많이 볼 수 있다. 다른 플랑드르 사람은 안트베르펜 사람이 시끄럽고 좀 독특하다고 생각한다.

상스럽거나 무례하다고 여겨지는 제스처나 습관은 다음과 같다. 공공장소에서 손가락을 맞부딪쳐 소리를 내거나 하품, 재채기, 코를 푸는 일, 집게손가락으로 가리키는 일, 대화 내내 손을 주머니에 넣고 있는 일, 테이블에 앉아 있을 때 손을 무릎 위에 내려두는 일, 껌을 씹는 일 등이다.

언론

벨기에인 대다수가 소셜미디어와 TV로 뉴스와 정보를 얻는다. 모든 벨기에 언론에는 두 가지 네트워크(프랑스어, 네덜란드어)가 있다는 사실은 이제 놀랄 일도 아니다. 언어적 분할 때문에 벨기에에는 국영 TV 채널이 없다. 언론법이 제정되어 지역 차원에서 관리된다. 플라망어로 된 언론은 플랑드르에서, 프랑스어로 된 언론은 왈롱에서 담당한다. TV 진행자, 인기 뮤지션, 언론인은 보통 자기 언어권(그리고 네덜란드와 프랑스)에서 유명하지만, 다른 언어권에서는 그렇지 않다.

【신문 및 잡지】

신문 구독자 수와 발행 부수는 점점 줄고 있다. 특히 인터넷과 디지털 TV가 보편화되면서는 더 그렇다. 신문을 읽는 사람은 대체로 국제 뉴스와 분석보다는 지역 뉴스와 가십에 더 관심이 많다. 가장 많이 읽는 신문은 포퓰리스트 타블로이드지인 〈라 데르니에르 외르〉이다.

플랑드르 지역의 주요 언론사는 〈드 스탄다르트〉(플랑드르 성향 강함)와 〈드 모르겐〉(좌파 성향의 탐사 저널리즘으로 유명)이 있으며, 왈롱에는 〈르 수아르〉(중도 우파, 상당히 중립적)와 〈라 리브르 벨지크〉(역시 중도 우파, 진지한 논조이며 가톨릭계)가 있다. 경제지[L'Echo de la Bourse, De Financieel-Ekonomische Tijd]도 있고, 영어 신문도 많이 보는데, 브뤼셀에서는 뉴스 가판대 대부분에서 영어 신문을 살 수 있다. EU를 중점적으로 다루는 영어 신문 〈유럽의 목소리〉는 브뤼셀에서 발행된다.

일반 주제와 특수 주제를 다루는 주간 잡지도 두 언어로 많이 발행된다. 여기에는 〈르 수아르 일러스트레〉, 〈씨네 텔레 레뷰Ciné Télé Revue〉(영화와 TV 특집, 전국 프로그램 목록 제공)와 〈다그 알레말Dag Allemaal〉(〈헬로우! 매거진〉의 플랑드르 판으로 플랑드르 연예인을 다룬다) 등이 있다. 〈휴모〉는 뉴스와 문화에 관한 매우 지적인 분석을 불손한 방식으로 전달한다. 영문 주간지인 〈불레틴〉은 벨기에 주재 외국인이 벨기에 정세, 문화 소식, 부동산, 관련 광고 등을 알 수 있는 핵심 창구이다.

【방송사】

공영 TV와 라디오 네트워크에는 프랑스어로 된 RTBF와 네덜란드어로 된 VRT가 있다. RTBF의 TV 채널은 RTBF 1, 2이고, VRT는 TV1, Ketnet(청소년 대상), Canvas(문화 뉴스 및 행사)이다. 1960년대부터 케이블 TV가 보급되었고, 대다수 가구에서 국내외 채널을 수신한다.

VRT 라디오에는 플랑드르 청취자용 채널이 다섯 개 있으며, 전 세계 청취자용 라디오인 RVI는 네덜란드어, 프랑스어, 영어, 독일어로 방송된다. RTBF도 비슷하게 라디오국을 운영한다. 양 방송사 모두 뉴스, 스포츠, 클래식 및 대중음악, 기타 내용을 다룬다. 또한 상업 라디오국도 상당히 많다.

전화 및 심 카드

2001년에 전화 서비스가 민영화되었고, 국가 지분이 높은 통신 공기업의 이름은 프록시뮈스이다. 프록시뮈스는 휴대전화, TV, 인터넷 서비스를 제공한다.

벨기에에는 4G망이 잘 갖춰져 있으며 대부분 통신사에서 외국인과 관광객에게 유용한 상품을 판매한다. 벨기에에 입국하는 거의 모든 여행객과 외국인은 벨기에 휴대전화 네트워크에 접속할 수 있으며, 일본이나 미국, 캐나다 일부 지역 등 CDMA 네트워크를 사용하는 국가에서 온 사람의 경우는 예외이다. 자기가 가진 휴대전화를 쓸 수 없더라도, 공항에서 벨기에 선불폰과 심 카드를 구매하거나 대여할 수 있다.

EU 내 로밍 요금은 2017년에 폐지되었으며, 이에 따라 벨기에에 입국하는 EU 시민은 모국에서처럼 데이터를 포함하여 모든 서비스를 같은 가격에 이용할 수 있다. 공항이나 도심에

• 전화 받기 •

전화를 받을 때 자기 이름을 밝히지 않으면 무례하다고 여겨진다. 네덜란드어로는 "Met 앤 스미스("여보세요, 앤 스미스입니다" 또는 "여보세요, 앤 스미스가 받았습니다"라는 의미)"라고 하거나, 이름으로만 부르는 것이 편하면 "Met 앤"이라고 하면 된다. 사실 앞에 오는 "여보세요"는 아예 생략할 수도 있다. 프랑스어로 전화를 받을 때는 "앤 스미스입니다. bonjour."처럼 보통 이름을 먼저 말한다.

서 무료 선불카드를 종종 나눠주는 라이카모바일처럼 선불카드를 제공하는 통신사도 많다. 15유로 정도 나가는 선불 심 카드를 사면 사용할 수 있는 크레디트로 바꿔주는 곳도 있다. 이런 심 카드는 온라인이나 휴대전화 가게에서 살 수 있고, 사용 전에 온라인으로 등록해야 한다. 필요하면 크레디트를 충전하면 되고, 최소 충전 금액은 5유로이다. 통신사 가입은 거주자만 가능하니 주의하자.

브뤼셀에서는 어디서나 와이파이를 사용할 수 있다. 브뤼셀 수도권 당국에서 운영하는 무료 와이파이망이 있고, 현지 도서관에서 인터넷을 무료로 이용할 수 있다. 와이파이브뤼셀(www.wifi.brussels)에서 와이파이 핫스폿의 위치를 보여주는 인터랙티브 지도를 볼 수도 있다. 또한 브뤼셀, 안트베르펜, 샤를루아, 몽스, 오스텐드, 자벤템 공항 등 벨기에에서 가장 이용객이 많은 27개 기차역에서도 와이파이를 쓸 수 있다. 요금은 무료이지만 사용하려면 먼저 계정을 만들어야 한다.

와이파이를 어디서든 쓸 수 있게 된 덕분에 인터넷은 단기간에 일상을 뒤바꿔놓았다. 특히 쇼핑, 사교생활, 여행, 엔터테인먼트 분야가 많이 변했다. 2021년 통계에 따르면 16~64세 벨기에인의 하루 중 인터넷 사용 시간은 평균 5시간 48분으로, 이 중 휴대전화나 기타 모바일 기기로 인터넷 검색을 하는 시간은 2시간 정도이다. 그렇지만 모두가 휴대전화 사용 시간을 편안한 시각으로 보지는 않는다. 2021년에 약 15%의 벨기에 인터넷 사용자가 화면 앞에서 보내는 시간을 줄이기 위해 모바일 기기 사용 시간 추적기를 사용하거나 사용 시간을 제한한다고 답했다.

약 절반의 벨기에인이 쇼핑과 온라인 뱅킹 이용 시 휴대전화를 쓰며, 약 90%가 사교생활에 휴대전화를 이용한다. 당연히 젊은 세대는 온라인에서 더욱 활발히 활동한다. 현재 가장 인기 있는 소셜 네트워크는 페이스북이고, 유튜브와 인스타그램이 그 뒤를 잇는다. 인스타그램 사용자 대부분이 18~24세이다. 한 가지 재미있는 통계가 있는데, 2021년 벨기에인이 가장 많은 돈을 쓴 휴대전화 앱은 데이팅 앱인 틴더였다.

우편

국영 우편 서비스는 '비포스트bpost'라고 불린다. 우체국은 주중에 오전 9시부터 오후 5시까지 한다. 작은 도시에서는 은행과 마찬가지로 우체국도 점심시간에 문을 닫는다. 벨기에 안에서의 우편 배달은 상당히 합리적이지만, 다른 나라로 보내면 느리게 간다. 우편 발송 요금 체계가 두 가지(우선, 비우선)로 나뉘지만, 비우선 옵션은 절대 선택하지 않는다. 시간이 너무 오래 걸리기 때문이다.

플랑드르에서는 주택 번호가 거리명 다음에 온다(예: Tiensestraat 183). 왈롱 지역과 브뤼셀에서는 주소를 프랑스어로 쓴다. 번호는 거리명 앞이나 뒤에 올 수 있다. 우편번호는 네 자리로, 앞에 'B'가 붙을 때도 있는데, 어느 언어로 쓰든 도시 앞에 우편번호를 쓴다(예: 3000-Leuven 또는 B-3000 Leuven). 'Van'이라는 이름은 벨기에에서 첫 글자를 대문자로 표기하지만, 네덜란드는 그렇지 않다. 우표는 우체국에서 산다. 우편 봉투는 벨기에 봉투를 쓰도록 한다. 그렇지 않으면 규격 테스트를 통과하지 못해 추가 요금을 내야 하기 때문이다.

우체국에서도 은행 서비스를 제공한다. 각종 요금 납부와 현금 인출, 그 외 다양한 서비스를 이용할 수 있다.

결론

이 책에서는 벨기에에 관한 전반적인 이해를 돕고 일반적인 상황에 적용할 수 있는 내용을 전달하기 위해 일반화를 많이 했다. 여기서 설명한 많은 '규칙'과는 다른 모습도 많이 발견할 것이다. 그렇지 않다면 벨기에는 훨씬 재미없는 곳일지 모른다.

대중매체와 인터넷을 통한 소통의 세계화와 다국적 기업은 벨기에에서도 문화와 관습이 빠르게 변하고 있음을 의미한다. 그리고 국제 규범에 따라 많은 벨기에만의 특성이 무뎌지는 측면도 있다. 그렇지만 감탄할 만한 건축물, 기이한 민속 축제, 역사에서 나타난 끈기, 위트의 부조리함, 타협을 통해 차이를 극복하는 정치 모델, 안락한 삶을 사랑하는 모습 등 벨기에인을 벨기에인답게 만드는 특성은 세계화에도 굴하지 않고 이어지면서 유럽의 문화를 더욱 풍부하게 만든다.

벨기에는 늘 놀라움을 안겨주는 나라이다. 비록 프랑스어와 플라망어로 언어적, 문화적으로 나뉘었지만, 과거에 벨기에를 침략했던 두 나라의 문화를 흡수했고, 벨기에만의 방식으로 실용주의와 초현실주의, 개인의 무뚝뚝함과 예술의 경지에 이른 화려함을 서로 결합했다. 벨기에가 지루하다고? 전혀 그렇지 않다.

유용한 앱

【 이동 및 교통수단 】

STIB. 이 앱으로 브뤼셀 대중교통의 출발/도착 시간과 운행 시간표를 확인할 수 있다. 차량 위치가 표시되며 사용자는 가장 가까운 버스, 트램 정류장을 찾을 수 있다.

Parking.Brussels. 이름에서 알 수 있듯 목적지에서 가장 가까운 주차장을 찾을 수 있다.

Collecto. 교통카드(MOBIB)를 사용하여 오후 11시부터 오전 6시 사이에 공유 택시를 호출할 수 있다. 또한 가장 가까운 Collecto 정류장을 보여주며, 요금은 5~6유로로 MOBIB 카드로 결제한다.

EP Spotter. 브뤼셀의 유럽의회 건물을 둘러볼 때 유용하다. GPS의 안내에 따라 주요 유럽의회 건물을 한 시간 정도 돌아볼 수 있다.

Maps.Me. 오프라인 지도 서비스로 다운로드하면 인터넷 연결 없이도 지도를 볼 수 있다.

De Lijn 및 TEC. 왈롱과 플랑드르의 버스 시간표가 제공된다.

【 쇼핑과 식사 】

My Brussels. 브뤼셀 수도권 당국에서 제작했으며 이 앱 하나면 브뤼셀을 한 손에 넣을 수 있다! 브뤼셀에 관한 필수 정보가 있다.

Free Tap Water Belgium. 벨기에에서 물을 무료로 주는 데 동의한 음식점 목록을 제공한다.

Takeaway. 문 앞까지 음식을 배달시킬 수 있는 배달 앱이다.

【 응급 상황 】

112. 공식 벨기에 응급 서비스 앱이다. 회원 가입이 필요하며, 등록 후에는 응급 시 구급차, 소방차, 경찰 등을 부를 수 있다.

참고문헌

Ascherson, Neal. *The King Incorporated: Leopold the Second and the Congo.* London: Granta Books, 1999.

Blom, J.C.H., Emiel Lamberts, and James C. Kennedy. *History of the Low Countries.* New York/Oxford: Berghahn Books, 1999, 2006.

Brontë, Charlotte. *Villette* (ed. Tony Tanner). London: Penguin Classics, 2004.
Brontë's last novel (1853), set in Belgium, in a fictional town called Villette.

Blyth, Derek. *Brussels for Pleasure: Thirteen Walks through the Historic City*. London: Pallas Athene, 2003.

———. Flemish Cities Explored. London: Pallas Athene, 2003.

Claus, Hugo. *The Sorrow of Belgium*. New York, NY: Harry N. Abrams, reprint edition 2003. First published in Dutch as *Het verdriet van België* (Amsterdam: De Bezige Bij, 1983).
Widely considered Belgium's greatest novel. Set against the background of the Second World War and collaboration with the Germans.

Friedlander, Max. *From Van Eyck to Bruegel*. London: Phaidon Press, 1998 (first published 1956).
A classic account of the art of the Flemish Renaissance.

Kapstein, Nancy (ed.). *Hints for Living in Belgium*. Brussels: American Women's Club of Brussels (first published 1951; 19th edition 2007).
The AWCB also hosts a variety of events. See www.awcb.org/club/awcb/.

Nicholas, David. *Medieval Flanders*. London/New York: Routledge, 2015.

Pearson, Harry. *A Tall Man in a Low Land: Some Time among the Belgians.* London: Abacus, 2000. (Kindle edition 2013.)

The Low Countries: Art and Society in Flanders and the Netherlands. A yearbook published by the Flemish–Netherlands Foundation "Stichting Ons Erfdeel." First ed. 1995; digitized in 2011; paperback 2016.
The Foundation also publishes the bilingual yearbook *De Franse Nederlanden – Les Pays-Bas Français* and a cultural quarterly, *Septentrion*. See www.onserfdeel.be/en/default.asp.

Van Istendael, Geert. *Het Belgisch Labyrint, of De Schoonheid der Wanstaltigheid* (The Belgian Labyrinth, or the Beauty of Deformity). Amsterdam: De Arbeiderspers, 1989. In Dutch. French translation, *Le labyrinthe belge*, by Monique Nagielkopf and Vincent Marnix, with preface by Jacques De Decker (Pantin: Le Castor Astral, 2004; Escales du Nord series).

Van Loo, Bart. *The Burgundians: A Vanished Empire*. London: Head of Zeus, 2021.

Witte, Els, Jan Craeybeckx, and Alain Meynen. *Political History of Belgium from 1830 Onwards* (trans. Raf Casert). Brussels: Academic and Scientific Publishers nv, 2009.

지은이

버나뎃 마리아 바르가

버나뎃 마리아 바르가는 공공 의료 및 커뮤니케이션 전문가로 브뤼셀에서 거주하며 일하고 있다. 헝가리에서 태어나 헝가리 세게드 대학교에서 커뮤니케이션 전문가로 학사 학위를 받았으며 네덜란드 마스트리히트 대학교에서 공공 의료 석사 학위를 받았다. 버나뎃은 늘 다양한 문화와 언어에 관심을 가졌으며 전 세계를 여행했다. 미국, 네덜란드, 덴마크에 거주한 경험이 있는 그녀는 2015년부터 벨기에에 거주하고 있다. 현재는 유럽 전역의 장애인과 취약 계층의 의료 서비스 접근성을 중점으로 다루는 프리랜서로서 일하고 있다.

옮긴이

심태은

경희대학교 관광학부 호텔경영 전공 졸업 후 한국외국어대학교 통번역대학원 한영과를 졸업하였다. 다년간 통번역가로 활동하였으며, 현재 번역에이전시 엔터스코리아에서 전문 번역가로 활동 중이다.

주요 역서로는 『공감의 디자인: 사랑받는 제품을 만드는 공감 사용법』, 『구글은 어떻게 디자인하는가: 인클루시브 디자인 이야기』, 『세계 문화 여행: 체코』, 『세계 문화 여행: 벨기에』 등이 있다.

세계 문화 여행 시리즈

세계의 **풍습**과 **문화**가 궁금한
이들을 위한 **필수 안내서**

세계 문화 여행_그리스
콘스타인 부르하이어 지음 | 임소연 옮김 | 248쪽

세계 문화 여행_네덜란드
셰릴 버클랜드 지음 | 임소연 옮김 | 226쪽

세계 문화 여행_노르웨이
린다 마치, 마고 메이어 지음 | 이윤정 옮김 | 228쪽

세계 문화 여행_뉴질랜드
수 버틀러, 릴야나 오르톨야-베어드 지음 | 박수철 옮김 | 224쪽

세계 문화 여행_덴마크
마크 살몬 지음 | 허보미 옮김 | 206쪽

세계 문화 여행_독일
배리 토말린 지음 | 박수철 옮김 | 242쪽

세계 문화 여행_라오스
나다 마타스 런퀴스트 지음 | 오정민 옮김 | 236쪽

세계 문화 여행_러시아
안나 킹, 그레이스 커디히 지음 | 이현숙 옮김 | 266쪽

세계 문화 여행_멕시코(개정판)
러셀 매딕스 지음 | 이정아 옮김 | 262쪽

세계 문화 여행_모로코
질리안 요크 지음 | 정혜영 옮김 | 218쪽

세계 문화 여행_몽골
앨런 샌더스 지음 | 김수진 옮김 | 268쪽

세계 문화 여행_베트남(개정판)
제프리 머레이 지음 | 정용숙 옮김 | 242쪽

세계 문화 여행_스웨덴
닐 시플리 지음 | 정혜영 옮김 | 250쪽

세계 문화 여행_스위스(개정판)
켄들 헌터 지음 | 박수철 옮김 | 238쪽

세계 문화 여행_스페인(개정판)
메리언 미니, 벨렌 아과도 비게르 지음 | 김수진 옮김 | 274쪽

세계 문화 여행_싱가포르
앤절라 밀리건, 트리시아 부트 지음 | 조유미 옮김 | 210쪽

세계 문화 여행_아랍에미리트
제시카 힐, 존 월시 지음 | 조유미 옮김 | 208쪽

세계 문화 여행_아이슬란드
토르게이어 프레이르 스베인손 지음 | 권은현 옮김 | 228쪽

세계 문화 여행_오스트리아
피터 기에러 지음 | 임소연 옮김 | 232쪽

세계 문화 여행_이스라엘
제프리 게리, 메리언 르보 지음 | 이정아 옮김 | 224쪽

세계 문화 여행_이탈리아
배리 토말린 지음 | 임소연 옮김 | 246쪽

세계 문화 여행_일본
폴 노버리 지음 | 윤영 옮김 | 216쪽

세계 문화 여행_중국(개정판)
케이시 플라워 외 지음 | 임소연 외 옮김 | 266쪽

세계 문화 여행_체코
케반 보글러 지음 | 심태은 옮김 | 258쪽

세계 문화 여행_쿠바
맨디 맥도날드, 러셀 매딕스 지음 | 임소연 옮김 | 254쪽

세계 문화 여행_태국
J. 로더레이 지음 | 김문주 옮김 | 254쪽

세계 문화 여행_튀르키예
샬럿 맥퍼슨 지음 | 박수철 옮김 | 268쪽

세계 문화 여행_포르투갈
샌디 구에데스 드 케이로스 지음 | 이정아 옮김 | 212쪽

세계 문화 여행_프랑스
배리 토말린 지음 | 김경애 옮김 | 252쪽

세계 문화 여행_핀란드
테르투 레니, 엘레나 배럿 지음 | 권은현 옮김 | 236쪽

세계 문화 여행_필리핀
그레이엄 콜린 존스 외 지음 | 한성희 옮김 | 244쪽

세계 문화 여행_헝가리
브라이언 맥린, 케스터 에디 지음 | 박수철 옮김 | 256쪽

세계 문화 여행_홍콩
클레어 비커스, 비키 챈 지음 | 윤영 옮김 | 232쪽